100 Dinge, die man über Mayen wissen muss

Werner Blasweiler

100 Dinge, die man über Mayen wissen muss

Gardez! Verlag

Bibliografische Information der Deutschen Nationalbibliothek
Die Deutsche Nationalbibliothek verzeichnet diese Publikation in der Deutschen Nationalbibliografie; detaillierte bibliografische Daten sind im Internet über http://dnb.d-nb.de abrufbar.

Alle Nutzungsrechte dieser Ausgabe bei
Gardez! Verlag Michael Itschert,
Richthofenstraße 14, 42899 Remscheid, www.gardez.de

Lektorat und Korrektorat | Michael Itschert und Christoph Kloft

Satz | Roland Reischl, Köln

Umschlaggestaltung | Sandra Ullrich, Remscheid

Titelbild | © Pixelwolf2 / AdobeStock

Druck | TZ-Verlag & Print GmbH, 64380 Roßdorf

Originalausgabe, 1. Auflage 2019

ISBN 978-3-89796-292-7

Inhalt

Vorwort

Ich war sehr erfreut, als ich im Sommer 2018 vom Gardez! Verlag angefragt wurde, ob ich mir vorstellen könne, ein Buch über die Stadt Mayen zu schreiben.

Also frisch ans Werk, da gibt es so viele Dinge, da ist ein Buch doch schnell geschrieben, denn Anekdoten, Geschichten zum Lachen, Staunen und Kopfschütteln gibt es in Mayen zuhauf. Während des Schreibens stellte ich dann fest, dass viele dieser Geschichten, die ich im Kopf hatte, auf Erzählungen und Überlieferungen beruhen, die immer mehr aus dem kollektiven Gedächtnis verschwinden. Und dieser in mir vorhandene Fundus hatte gleich zwei Haken: Erstens waren viele Dinge, die mir bekannt waren, nur oberflächlicher Natur. Ich bemerkte, dass ich einige Besonderheiten überhaupt nicht wirklich beschreiben konnte, sondern einfach nur wusste.

Daher war es notwendig, nachdem die bemerkenswerten Episoden aus meinem Kopf niedergeschrieben waren, weitere Themen zu suchen. Ansonsten wäre es doch ein mageres kleines Heftchen geworden. Bei den Recherchearbeiten konnte ich feststellen, wie viele spannende und teilweise unglaubliche Geschichten über Mayen und seine Stadtteile existieren. Und außerdem habe ich endlich auch Belege dafür gefunden, was ich eigentlich schon immer wusste. Egal wie die Realität aussieht, die Menschen in Mayen haben ihren eigenen Blick darauf und verstehen es auch geschickt, diese Realität zu deuten oder durch fantasievolle Ergänzungen auszuschmücken. Dabei geht es vor allem darum, nicht fremdbestimmt zu werden. Diese Mentalität, die man in Bayern mit „Mia san mia“ beschreibt, ist ein Stück der Mayener DNA.

Nun sind es also 100 Dinge geworden, die man über Mayen wissen muss.
Mir ist klar, dass über die Auswahl dieser „wissenswerten Dinge“ vortrefflich gestritten werden kann – und wenn wir Mayener eines können, dann ist es streiten, auch über Dinge, die es bei Betrachtung aus der Distanz nicht unbedingt wert sind. Da erinnert mich meine Heimatstadt ein wenig an die Bewohner des kleinen gallischen Dorfes in den Asterixheften. Solange es den Bewohnern dort gut geht, fliegen untereinander die Fetzen, sobald es aber darum geht, den römischen Invasoren zu trotzen, halten alle zusammen wie Pech und Schwefel.
Dies mag auf Neuankömmlinge hin und wieder befremdlich wirken, für den Mayener ist es das normale Leben. Und dazu gehört auch der Mayener Mutterwitz, der von Tiefsinnigkeit bis zum Holzhammer alle Varianten kennt und über eine enorme, oft entwaffnende Schlagfertigkeit verfügt.
Deutlich wird dies an folgender Episode. Ein Touristenpaar besucht die Stadt Mayen und wundert sich immer wieder über Geschehnisse oder den Umgang der Menschen untereinander und mit den Touristen. Irgendwann sprechen sie ein typisches Exemplar der Gattung Mayener an. „Sagen Sie mal, in Mayen gibt es aber schon sehr merkwürdige Menschen – oder?“ Worauf der Mayener nur kurz bemerkt: „Das stimmt, aber zum Glück fahren die nach ein, zwei Tagen ja wieder nach Hause.“
Diese und noch weitere typische Eigenschaften des Menschenschlages um Mayen haben dafür gesorgt, dass sich einige der geschilderten Episoden wahrscheinlich nur hier ereignen konnten.

Mayen, im September 2019

1. Mayen

Mayen bildet das „Tor zur Eifel", die im Norden, Westen und im Südwesten an die Stadt angrenzt. Eingerahmt wird die kreisfreie Stadt des Weiteren von dem Hügelland Pellenz und dem Maifeld.

Hergeleitet wird der Name Mayen wahrscheinlich von dem Wort „Megina", welches einen Ort auf dem Feld (keltisch magos) bezeichnet. Der Name Mayen wird 855 erstmals urkundlich erwähnt und 1291 erhielt Mayen durch Rudolf I. von Habsburg die Stadtrechte.

2. Höhenunterschiede

Die Stadt Mayen besteht aus der Kernstadt und den Stadtteilen Alzheim, Hausen (mit dem Ortsteil Betzing), Kürrenberg und Nitztal. Befindet sich die Kernstadt 230 Meter über dem Meeresspiegel, so liegt der Stadtteil Kürrenberg bereits in 500 Metern Höhe.

3. Schiefer Turm

Das bekannteste Wahrzeichen der Stadt ist die Sankt-Clemens-Kirche, die sich im Stadtkern befindet. Markant ist deren schiefer Turm, der hoch über die Stadt ragt. Warum der Kirchturm schief ist, erzählt eine Mayener Sage: Die Mayener wollten inmitten ihrer Stadt eine prächtige Kirche bauen. Während des Baus wurden die finanziellen Mittel knapp (das kann man sich heute bei einem öffentlichen Projekt gar nicht vorstellen, dass die ursprüngliche Kalkulation überschritten wird). Aber schon damals wusste man sich zu helfen, in dem man einen Investor gewann. Dieser war im Fall der Mayener Kirche der Teufel höchstpersönlich. Diesem erzählten die Mayener vom Bau der größten Gaststätte der Region.

Da die Mayener weit über ihre Stadtgrenzen als feierfreudiges Völkchen bekannt waren, schöpfte der Teufel keinen Verdacht und unterstützte den Bau. Als er dann zur Einweihungsfeier erschien, wunderte er sich schon über die merkwürdige Musik, die aus der vermeintlichen Gaststätte kam. Und der Eintritt an der Kirchpforte war ihm natürlich verwehrt. Da merkte er, dass ihn die Mayener übertölpelt hatten. Wütend flog er zur Kirchturmspitze, um diese abzureißen. Im Inneren des Kirchenturms jedoch hielt der Namenspatron, der heilige Clemens, den Dachstuhl fest, sodass der Teufel am Ende die Spitze lediglich verdrehen konnte.

4. Mayener Zeit

Einen übermäßigen Hang zur Pünktlichkeit hat man den Bewohnern der Stadt Mayen in der Vergangenheit nicht unterstellen können. Mittlerweile hat sich das gebessert, aber im Volksmund wird das, was sonst als akademisches Viertel bezeichnet wird, gerne Mayener Zeit genannt. Beginnt also eine Veranstaltung später als angekündigt, gilt dies für die Mayener noch als pünktlich, solang eine Viertelstunde nicht überschritten wird. Eine solche Verspätung wird gerne mit „Dat es Mayener Zeit“ kommentiert.

5. „Kär Mayener Platt“

In Mayen spricht man einen sehr eigenen Dialekt namens „Mayener Platt“. Dieser Dialekt weicht stark von der hochdeutschen Standardsprache ab und hat einem Forschungsprojekt aus dem Jahr 2013 zufolge eine Vokalbetonung, wie man sie sonst nur aus dem Norwegischen oder Chinesischen kennt. Alleine durch die Betonung variieren die Bedeutungen eines Wortes enorm.

Eine Taube heißt „Dauw“, und dieses Wort wird kurz gesprochen.
Wird ein Kind geboren, dann feiert man „Dauw“ (Taufe). Die Vokale werden lang gesprochen.
Wenn jemand schwerhörig (taub) ist, dann ist er im Dialekt ebenfalls „dauw“. Der Unterschied zur Kindstaufe erschließt sich nur über den Kontext.
Daht der datt? Der daht datt! Dat der datt daht! Bedeutet im Hochdeutschen: Macht (Tut) er das? Der macht das! Dass der das macht!

Hierdurch wird das Schreiben des Mayener Platt besonders schwierig, da die Mayener mehr Vokale sprechen, als die Schriftsprache im Hochdeutschen hergibt. Insoweit heißt es schon in frühen Dialektpublikationen: „Mundart ist gesprochene Sprache, sie zu schreiben ein Notbehelf“. (1)

Insgesamt zeichnet sich die Sprache dadurch aus, dass viele Vokale lang gestreckt werden. Dadurch ergeben sich auch Unterschiede zur rheinischen Sprache. Während es den Kölnern „joot“ (gut) geht, geht es den Mayenern „good“ (lang gesprochen mit kehligem „o“).

Im Mayener Platt finden sich Begrifflichkeiten, die selbst in den heutigen Stadtteilen nie zum Wortschatz des Dialektes gehörten. Das beste Beispiel ist das mehrdeutige Wort „roddaschöllesch“. So kann ein Bauwerk genauso „roddaschöllesch“ (baufällig) sein wie ein älterer Mensch (gebrechlich).

Überhaupt zeichnet sich die Dialektsprache dadurch aus, dass hier Beobachtungen und Geschehnisse mit einem kurzen Wort treffend zusammengefasst werden können, was im Hochdeutschen selten gelingt.
So spricht der Mayener bei Bienen und Wespen von „Hangöösch“ (Hängehintern) und beschreibt so die markante Flughaltung der Insekten. Absperrpfosten oder Poller bis zu einer Höhe von einem Meter nennt der Mayener „Hundspisser“ und macht damit die häufigste Nutzung solcher Absperrungen zum Namen.

Ob der bekannteste Ausspruch, den man den Mayenern zuordnet, wirklich so gefallen ist, ist unsicher. Die Direktheit der Sprache (manche sehen den Dialekt auch als derb an) kommt aber zum Tragen. Als ein Kleinkind bei hochsommerlichen Temperaturen im Freien gespielt hat, soll es zum Rat der Großmutter an die eigene Tochter und Kindesmutter gekommen sein: „Holl dat Kend aus da Sunn, dat freckt.“ (Nimm das Kind aus der Sonne, sonst stirbt es.)

6. Stadtfarben und Stadtwappen

Hoch über der Stadt Mayen thront die Genovevaburg mit dem 34 Meter hohen Goloturm. Die Beflaggung der Burg

führt immer wieder zu der Frage, warum über Mayen die italienische Flagge gehisst würde.
Zwar stimmen die Farben überein, aber in Mayen ist die Flagge waagerecht rot-weiß-grün (von oben nach unten), während die italienische Trikolore senkrecht in grün-weiß-rot gestreift ist.

Die Farbauswahl der Mayener Stadtfahne geht auf das Wappen der Stadt zurück. Auch hier finden sich die drei Farbkomponenten Rot, Weiß und Grün.
Ein rotes Kreuz teilt das Wappen, auf weißem Grund, in vier Teile. Oben links und unten rechts findet sich ein roter (Stadt)-Schlüssel und in den gegenüberliegenden Feldern ein fünfblättriger grüner Baum. Dazu muss man wissen, dass es bei der Betrachtung und Beschreibung eines Wappens eine Fußangel gibt, die häufig für Missverständnisse sorgt. Offiziell und wissenschaftlich betrachtet man ein Wappen aus Sicht des Schildträgers, also quasi von hinten. Das bedeutet, dass die Angaben rechts oder links spiegelverkehrt zum Blick des Betrachters sind, der von vorne auf ein Wappen blickt.

Diese gegensätzlichen Betrachtungsweisen können ein Grund dafür sein, dass sich auch verschiedene, spiegelverkehrte Wappen in der Stadt finden. So prangt beispielsweise an der Außenseite des Brückentores (eines der drei ursprünglichen Stadttore) ein Wappen, welches in seiner Anordnung nicht dem Original entspricht.
Rot und Weiß lehnen sich an das kurtrierische Kreuz an. Das rote Kreuz auf weißem Grund ist das Wappen des Erzbistums und Kurfürstentums Trier und findet sich in zahlreichen rheinland-pfälzischen und saarländischen Stadt-, Verbands-

gemeinde- und Gemeindewappen wieder. Auch in den Wappen der Länder Rheinland-Pfalz und Saarland ist das Symbol enthalten. Die roten Schlüssel sind ebenfalls ein Hinweis auf das Erzbistum Trier. Es handelt sich dabei um die Schlüssel seines Schutzpatrons, des heiligen Petrus.
Kreuz und Schlüssel machen die Zugehörigkeit Mayens zum Trierer Erzstift überdeutlich.

Das Grün in der Flagge, welches an den Baum im Stadtwappen erinnert, ist hingegen der direkte Bezug zur Stadt Mayen. Es handelt sich bei dem Baum um eine Buche, und damit um den charakteristischen Baum des ursprünglichen Mayener Stadtwaldes. Da die Buche auch lange als sogenannter Maibaum diente, um hoch über dem Dorfplatz (Marktplatz) den beginnenden Frühling zu begrüßen, schließt sich hier der Kreis gleich zweifach. Die Buche als der Baum des Stadtwaldes verdeutlicht die Herkunft des Wappens und damit des Wappenträgers zu einer Zeit, als Lesen und Schreiben noch nicht zu den Kernkompetenzen der Bevölkerung zählten und daher mit Symbolen gearbeitet wurde. Außerdem lässt sich über den Mai-Baum auch die sprachliche Verbindung über Maien zum späteren Städtenamen Mayen herstellen.

Die Verwandtschaft zur italienischen Landesflagge ist sogar einmal einem amtierenden Oberbürgermeister der Stadt bei einem offiziellen Anlass nicht bewusst gewesen.
Es war das verlängerte Wochenende um Fronleichnam herum, und damit auch Schützenfest in der Stadt. Wie in jedem Jahr führte der Festzug der Schützen nach der Kranzniederlegung vom Friedhof zum Schützenplatz. Bei der Eröffnung der Schützenkirmes kritisierte der Oberbürgermeister, dass so wenig Stadtfahnen am Wegesrand gehisst

seien. Eine einzige Stadtfahne habe er in der Bachstraße gesehen, das sei beschämend. Mindestens genau so beschämend war der Hinweis, dass es sich dabei nicht um eine Stadtfahne gehandelt habe. Das dort ansässige italienische Restaurant hatte vielmehr den Eingangsbereich mit italienischen Nationalflaggen geschmückt.

7. Genovevaburg

Über dem Marktplatz der Stadt Mayen thront eine stattliche Burg – die Genovevaburg. Mit viel Mühe hat man sich in Mayen darum gekümmert, dass Einheimische und Fremde hier die sagenhafte Geschichte der Genoveva von Brabant, den heldenhaften Siegfried und den Erzschurken Golo beheimatet sehen. Der Turm der Burg nennt sich Goloturm, da hier der illoyale Golo auf seinen Prozess gewartet haben soll. In der Nachbargemeinde wurde die vermeintliche Richtstätte des Ritter Golo (der von vier Ochsen zerrissen wurde) passenderweise Golokreuz genannt. Auch soll die Fraukirch zwischen Thür und Kruft auf Betreiben von Siegfried nach dem Tod seiner geliebten Genoveva zu deren Gedächtnis gebaut worden sein. Noch viele weitere Anknüpfungspunkte an die Sage finden sich in der Stadt (Genovevabrunnen, Straßennamen etc.), ohne dass es einen nachweisbaren Bezug der Stadt oder Burg zur Genovevasage gibt.

Der Wunsch der Mayener, die Genovevasage in der Eifelregion anzusiedeln und auch mit der Burg zu verbinden, entstand bereits im 18. oder 19. Jahrhundert, als beispielsweise der spätere Goloturm zunächst den Namen Genovevaturm erhielt.

Die zunächst namenlose Burg hieß später Kurfürstliches Schloss. Anschließend trug sie den Namen Simmerburg, benannt nach dem kleinen Hügel, auf dem sie steht. Der große Bruder dieser Erhebung im Mayener Stadtzentrum steht im benachbarten St. Johann und trägt den Namen Hochsimmer.

Erbaut wurde die Genovevaburg um 1280 durch den Trierer Erzbischof Heinrich von Finstingen.
Die Namensgebung zur Genovevaburg war nüchtern betrachtet ein Marketing-Gag, bei dem man dem Wunsch der Bevölkerung Rechnung tragen wollte, dass die Burg Bestandteil und Handlungsort der Genovevasage gewesen wäre.

Eine Bierbrauerei, die ihren Geschäftsbetrieb in den Räumen der Burg hatte, firmierte plötzlich als Genovevabrauerei und gab den sich entwickelnden Fabulierungen der Mayener Bevölkerung bereitwillig Nahrung. Bei Rundgängen durch die Burg wurden beispielsweise Ketten im Goloturm präsentiert, an die der Bösewicht seinerzeit geschmiedet gewesen sein soll. Anhand einer solch erdrückenden Beweislast war es nur allzu verständlich, dass die Bevölkerung irgendwann selbst nicht mehr zwischen Wunsch und Wirklichkeit unterscheiden konnte oder wollte.

8. Genovevahöhlen von Mayen nach Trier-Kordel verlegt

Ein Bestandteil der hiesigen Ausprägung der Genovevasage sind die Genovevahöhlen zwischen Ettringen und Bell, in denen die verstoßene Genoveva Zuflucht gesucht und den

Sohn Schmerzensreich zur Welt gebracht haben soll. Ein Mayener Beamter, der nach Pfalzel versetzt wurde, entdeckte bei einer Wanderung bei Kordel eine Höhle, die noch Mitte des 19. Jahrhunderts den Namen Kutbachhöhle trug. Der Mayener, fest infiziert mit dem heimischen Genoveva-Virus, fühlte sich beim Anblick der Höhle so an die Geschichte von Siegfried, Genoveva und Golo erinnert, dass er die Höhle kurzerhand umbenannte und damit auch der Region Trier zu einer Genovevahöhle verhalf. (2)

9. Eine Straße, drei Namen

Rund um die Mayener Kernstadt führt eine ringförmige Straße, die bis Mitte der 1960er-Jahre entsprechend den Namen Ringstraße trug. Anschließend erfolgte eine Aufteilung in Habsburgring (nach Rudolf von Habsburg, der Mayen die Stadtrechte verlieh) und Boemundring (nach Erzbischof Boemund, der diese Stadtrechte erwirkt hatte und später Mayen mit Kammern, Türmen und Mauern ausstattete).
Der Volksmund jedoch kennt gleich drei Namen für diesen Straßenbereich:

Der Viehmarkt
Der obere Teil des Boemundrings heißt im Volksmund Viehmarkt, da hier Anfang des zwanzigsten Jahrhunderts mit Tieren gehandelt wurde.

Der Graben
Diesen Namen trägt der untere Teil des Boemundrings, der an die Außenfront der Genovevaburg angrenzt. In früheren

Zeiten befand sich hier zum Schutz der Burg der Burggraben. Dies führte dazu, dass der Volksmund diese Bezeichnung für die später gebaute Straße einfach beibehielt.

Die Glasie
Der heutige Habsburgring trägt im Volksmund der geheimnisvollen Namen Glasie. Dieser wird abgeleitet von dem Begriff Glacis, was eine schräg ablaufende Brustwehr dem Feld zu bedeutet (3). Eine weitere Deutung dieses Begriffs beschreibt eine Erdschüttung vor dem Graben.

Was also am Fuße der Burg der Wassergraben war, war rund um die Stadtmauer ein schräg abfallender Weg oder ein Erdhügel, der die Verteidigung der Stadtmauer und Stadttore unterstützen sollte.

10. Theaterstadt Mayen

Seit 1987 richtet die Stadt Mayen in eigener Intendanz Theaterfestspiele aus. Aufführungsort ist der Burghof der Genovevaburg, sodass die Festspiele passenderweise den Namen Burgfestspiele tragen. Begonnen hat die Theatergeschichte in Mayen aber bereits früher, nämlich im Jahre 1935, als die Genovevasage mit über 300 Mitwirkenden außerhalb der Burg aufgeführt wurde.
Ob dies auch den Hintergrund hatte, den quasi willkürlich gewählten Namen der Burg stärker mit der „Genovevasage“ zu verbinden, ist nicht überliefert, es hat aber jedenfalls funktioniert *(siehe 7.)*. In den Erzählungen der Mayener sind aus dieser ersten Theaterzeit noch einige Dinge in Erinnerung geblieben.

Erstens die zahlreichen Darsteller, zu denen Berufs- und Laienschauspieler ebenso zählten wie tierische Komparsen, überwiegend Pferde.
Zweitens musste eine Vorstellung minutenlang unterbrochen werden, da ein Pferd mit der Genoveva durchgegangen war und erst später im Stadtkern zum Stehen kam.
Drittens die schauspielerische Leistung des Golodarstellers, der den Bösewicht so gut auf die Bühne brachte, dass er anschließend in den Mayener Geschäften nicht mehr bedient wurde. Ein früher Hinweis darauf, wie stark gute Schauspielkunst auf die Bevölkerung wirkt und wie übel man den Schurkendarstellern mitunter ihr Wirken nimmt. Eine Erkenntnis, die auch der berühmte Schauspieler Mario Adorf machen musste. Doch dazu später mehr.

Zum 700. Geburtstag der Burg spielte Mayen 1980 wieder Theater. Erneut wurde die Genovevasage außerhalb der Burgmauern aufgeführt. Mittlerweile war aus dem Boemundring (Der Graben) die Hauptverkehrsader der Innenstadt geworden. Diese Bundesstraße musste aber gesperrt werden, um die Zuschauertribünen zu errichten. Mit der Begründung „Theaterspiel zum Burgjubiläum“ hätte dies wohl kaum funktionieren können. Aber eine Baustelle war da natürlich ein viel gewichtigeres Argument. Also wurde in Mayen eine Baustelle eingerichtet und zeitgleich die gesperrte Straße für die Tribüne genutzt. Was in dieser „Bauphase“ repariert und umgebaut wurde, zählt zu den best gehüteten Geheimnissen der Region. Es müssen allerdings extrem unsichtbare und lautlose Bauarbeiten gewesen sein, denn es gibt keine verlässlichen Augen- oder Ohrenzeugen. Auch die Darbietungen wurden durch die zeitgleich stattfindenden Bauarbeiten nicht gestört.

Der überragende Erfolg dieser Jubiläumsfestspiele war der Startschuss für die Implementierung Mayens als Theaterstadt. 1982 folgten jeweils sechs Aufführungen des „Jedermann“ und „Dornröschen“ durch die Landesbühne Rheinland-Pfalz. Diese Kooperation wurde stetig ausgebaut, ehe 1987 der Schritt zur eigenen Intendanz vollzogen wurde.

Heute sind die Burgfestspiele, die jeweils von Mai bis August dauern, das kulturelle Aushängeschild der Stadt. In jedem Jahr gibt es zwei Hauptstücke, ein Kinder- oder Familienstück und zahlreiche „Specials“ wie Kleinkunst auf der kleinen Bühne, Gastspiele, Lesungen, Mundart und Comedy.

11. Erster Intendant erlebt Premiere nicht mehr

Der Schritt zur Theaterstadt Mayen sollte 1988 offiziell und öffentlich sichtbar werden. Rudolf Krieg wurde als erster Intendant verpflichtet und bereitete in den Jahren 1986 und 1987 den Boden für die Spielzeit 1988. Die Premiere der Stücke „Kabale und Liebe“, „Das Glas Wasser“ und „Othello“ sollte Krieg jedoch nicht mehr erleben, da er im Februar 1988, und damit vier Monate vor dem ersten Vorhang, verstarb. Kurzfristig übernahm Hans Joachim Heyse, der fünfzehn Jahre lang Intendant in Mayen bleiben sollte.

12. Bekannte Schauspieler

Obwohl die Budgetfrage in Mayen immer gestellt wurde und gestellt werden musste, haben sich die Burgfestspiele schnell etabliert. Dies lag mit Sicherheit auch daran, dass die Intendanten über glänzende Kontakte verfügten, einen guten Blick für aufstrebende Talente hatten und so auch große Namen in Mayen Station machten.

Anja Kruse, Alexander Grill, Jochen Stern, Udo Thomer, Claus Wilcke und auch das Ermittlerduo Ulrike Folkerts und Andreas Hoppe aus dem Ludwigshafener „Tatort" haben eine Mayener Vergangenheit. Und dann gibt es da ja noch den bekannten deutschen Schauspieler Mario Adorf, seines Zeichens Ehrenbürger der Stadt Mayen und Pate der Burgfestspiele.

13. Der Ehrenbürger Mario Adorf

Im Jahre 2001 erhielt der beliebte Filmschauspieler Mario Adorf die Ehrenbürgerschaft seiner Heimatstadt Mayen. Die Mayener sprechen gerne vom berühmtesten Sohn der Stadt und biegen sich dabei die Wahrheit ein wenig zurecht. Geboren wurde Adorf in Zürich und erst im Alter von drei Monaten kommt er kurz vor Weihnachten 1930 in Mayen an. Hier verlebt er seine Jugend, treibt Sport und macht das Abitur, ehe es ihn in die Welt der Schauspielerei hinauszieht. So gesehen ist Mario Adorf Mayens bekanntester Adoptivsohn.

Er selbst bezeichnet Mayen in späteren Jahren immer als seine Heimatstadt, und daher dürfte das mit dem bekanntesten Sohn der Stadt auch für beide Seiten in Ordnung sein. Neben der Ehrenbürgerwürde hat die Stadt den Aufgang zur historischen Burg (und Festspielstätte) mittlerweile in Mario-Adorf-Burgweg umbenannt. Dort steht auch eine modernere Version der Mayener Symbolfigur – der echte Mayener Jung.

Diese Skulptur wurde nach einem Entwurf von Mario Adorf geschaffen. Die Mayener Geschäftswelt ließ sie zu seinem 80. Geburtstag aus Mayener Basalt fertigen. Adorf selbst ist regelmäßig zu Gast in Mayen und vor allem ein ideeller Förderer der Burgfestspiele und deren Pate. Und wie es sich für einen guten Paten gehört, überzeugt er sich regelmäßig davon, dass es seinem „Patenkind" auch gut geht und es sich prächtig entwickelt.

Besonders stolz sind die Mayener darauf, dass Adorf den ureigenen Dialekt der Stadt nach wie vor beherrscht. Beispielsweise das „Lied vom Mayener Jung" oder auch das Lied seines Sportvereins Rheinland Mayen, wo er aktives Mitglied der Boxstaffel und der Fußballabteilung war. Häufig schafft es der rheinische Einschlag der von ihm geliebten Sprache auch in Filmrollen. Unvergessen der Klebstofffabrikant Haffenloher, der in rheinischem Dialekt sprach: „Isch scheiß dich so wat von zu mit meinem Jeld ..."

Trotzdem haderten auch die Mayener mit ihrem Idol, als er 1963 in „Winnetou I" als bösartiger Santer fast die gesamte Verwandtschaft des Apachen in die ewigen Jagdgründe beförderte. Winnetous Vater Intschu-tschuna und seine Schwester Nscho-tschi starben durch den Gangster. Vor allem das Ableben Nscho-tschis (Marie Versini) nahm man dem aufstrebenden Schauspieler übel. Jahrelang wurde er nach eigenen Aussagen von den Deutschen deshalb übel beschimpft. „Immer wieder treffe ich Leute, die sagen: ‚Dass du die Nscho-tschi erschossen hast, das habe ich dir lange Jahre nicht verziehen. Ich habe dich dafür gehasst.' Das ist ein Satz, den ich zigtausend Mal gehört habe", sagte Adorf der Nachrichtenagentur dpa.

Insoweit schließt er sich der Tradition des Schauspielers an, der in Mayen für seine Darstellung des Golos von den ortsansässigen Händlern gemieden wurde *(siehe 11.)*.

14. Mayena Duudschläja (Totschläger)

Der landläufige Spitzname für die Mayener lautet „Mayena Duudschläja“, was ins Hochdeutsche übersetzt „Mayener Totschläger“ bedeuten würde. Keine Angst, in Mayen fliegen die Fäuste nicht außergewöhnlich oft, und insgesamt ist die Region nicht für eine außergewöhnlich hohe Zahl von Straftaten mit körperlicher Gewalt bekannt. Trotzdem hat sich der Name gehalten, was vielleicht auch daran liegt, dass der Mayener bereits im ersten bekannten Mundartlied als feierfreudig und rauflustig beschrieben wird („Lied vom Mayener Jung“).

Trotzdem scheint die Herleitung dieses gewaltindizierenden Namens ihren Ursprung in der Steinindustrie zu haben. Im an Erzählungen und Anekdoten reichen Mayen gibt es dafür natürlich mehr als nur eine Begründung.

a) Lautverschiebung

In anderen rheinischen Regionen der Steinverarbeitung scheint es den Begriff „Dutt schlagen“ für das Bearbeiten von großen Steinen zu geben. Da im Mayener Dialekt die Vokale üblicherweise langgezogen werden, kann es durch eine Lautverschiebung des kurz gesprochenen „Duttschlägers“ für Steinmetz in Mayen zum „Duutschläja“ gekommen sein.

b) Spezielles Werkzeug

Die alten Steinmetze sprechen noch davon, dass es im Mayener Grubenfeld einen ganz besonderen, schweren Hammer gegeben haben soll, der hier auch entwickelt wurde. Dieses Werkzeug habe den Namen „Duutschläja" getragen.

c) Schlechter Steinmetz

Der Mayener Basalt wurde aus den Felsmassiven der Grubenfelder gewonnen und in seiner Blütezeit als Baumaterial vielfach genutzt. Wenn die Steine beispielsweise für Randsteine zurecht gehauen wurden, dann waren vor allem die letzten Schläge entscheidend, da sich eine entsprechende Spannung am Stein zeigte. Wurde nun zu fest oder zu schnell gearbeitet, dann sprang der Stein und zeigte Risse. Der damit unbrauchbar gewordene Stein wurde umgangssprachlich als „toter Stein" (duude Staan) bezeichnet. Ein schlechter Steinmetz, dem ein solches Missgeschick öfter unterlief, war definitiv ein „Duutschläja".

d) Arbeit der Kiesklöpper und antifranzösische Haltung im 19. Jahrhundert

In der Region um Mayen herum haben fast alle Ortschaften einen Spitznamen erhalten. Vermutet wird, dass diese im 19. Jahrhundert als eine der vielen Begleiterscheinungen des sozialen Umbruchs entstanden sind, auch um die vorhandene Polarisation von Gemeinschaften zu unterstützen. Häufig bezogen sich diese Namen auf besondere Tätigkeiten oder Gegebenheiten, die in gewissen Orten verstärkt ausgeübt wurden. Beispielsweise gibt es die Ettringer Bäsebinna (Besenbinder), Pilliger Bierekrautskrämer (Rübenkraut- oder Zuckerrübenhändler) oder auch Düngenheimer Malkstölcha (Melkstühlchen) und nicht zuletzt Säu-Weiler.

Als neues Berufsbild dieser Zeit entstand in Mayen der Beruf des Kiesklöppers (Steineklopfer).
Straßen- und Bahnbau benötigten Schotter als Untergrund für Straßen und Gleise. Auf einmal entstand auf dem Grubenfeld die Chance, den massenhaft angefallenen Abraum (Rötschen) gewinnbringend zu „entsorgen". Dabei wurden auch die historischen Rötschen abgetragen und zu Kies klein geschlagen (Kleinschlag). Im Abraum wurden die eisenzeitlichen Reibsteine mit spitzem Kiel gefunden. Die Kiesklöpper bezeichneten diese als Bonapartshüte, da sie einem Zweispitz-Hut gleichen. Übrigens entwickelte sich daraus der heute in der Archäologie gültige wissenschaftliche Begriff „Napoleonshüte".
Nun ist eine Theorie, dass angesichts der antifranzösischen Haltung im 19. Jahrhundert in Deutschland das Kieskloppen auf diesen Bonapartshüten als Kaputtschlagen der Kopfbedeckung und damit auch als Totschlagen der Hutträger sinnbildlich aufgefasst wurde. Somit wäre die Duudschläjaarbeit eine signifikante Tätigkeit der Mayener in dieser Zeit gewesen. Endgültig bewiesen ist dies aber nicht, da die Entstehung der jeweiligen Spitznamen noch nicht hinterfragt wurde, sodass hier noch Forschungsarbeit notwendig ist, um wissenschaftlich gestützte Schlüsse zu ziehen.

15. Mayener Stein am Kölner Dom

Mayen wird von Alters her als „steinreiche" Stadt bezeichnet. Was die finanzielle Lage der Kommune betrifft, entspricht dies seit langem nicht mehr der Realität. Vielmehr geht es um die Mayener Basaltlava, die in den Grubenfel-

dern rund um die Stadt bereits zur Zeit des antiken Roms abgebaut wurde.
Es handelt sich hier um vulkanisches Gestein, welches aufgrund seiner Witterungsbeständigkeit und der frostfesten Struktur als Baumaterial hochgeschätzt war und ist. Die Färbung geht in ein helles Graublau hinein.

In der Blütezeit der Steinindustrie hatte in Mayen auch die Steinmetzfachschule ihren Sitz, deren ehemaliger Schulleiter Carl Burger seine Schützlinge anhielt, mit dem heimischen Gestein im städtischen Gebiet sichtbare Spuren zu hinterlassen. Dies geschah auch in Form von Brunnen, Skulpturen und Ähnlichem.

Besonders stolz sind die Mayener darauf, dass ihr Gestein für die ständigen Instandsetzungsmaßnahmen am Kölner Dom inklusive des Know-how der Steinmetze gefragt war.

16. Zwölf-Uhr-Stein

Seit Generationen erzählen die Mayener ihren Kindern die Geschichte vom Zwölf-Uhr-Stein. Hier handelt es sich um einen Stein, der in einer Wegbiegung eines Aufstieges in den Mayener Stadtwald hinter dem Dickicht versteckt sein soll.

Dieser Stein hat den Erzählungen zufolge geradezu magische Kräfte. Wenn man am Karfreitag mittags um zwölf Uhr beim Klang der Kirchenglocken ein Messer in den Stein ramme, so würde dieser Stein bluten. Dieses Phänomen sei nur am Todestag Jesu Christi, eben am Karfreitag, zu erleben, sagt der Volksmund.

Im katholisch geprägten Mayen haben sich Kinder wahrscheinlich nie die Frage gestellt, wie ein solches Gestein wissen soll, wann denn nun der Karfreitag im Kalender des jeweiligen Jahres steht, handelt es sich bei dem Osterfest doch um ein Fest, welches abhängig von ersten Vollmond des Frühlingsanfangs zwischen dem 22. März und 25. April gefeiert wird.
Dass es sich bei dieser Legende um eine große „Verarsche" des Nachwuchses handelt, die sich über Generationen fortgesetzt hat, zeigt sich vor allem daran, dass am kirchlichen Feiertag Karfreitag die Kirchenglocken schweigen. Folglich tritt die geforderte Ausgangslage, um den Stein bluten zu lassen, nie ein.
Eine Tatsache, derer sich viele Mayener erst im Erwachsenenalter bewusst werden, beispielsweise, wenn sie diese Sage an die eigenen Kinder weitergeben.

17. Blauer Montag

Wenn heute die Steinhauerzunft noch einmal in das Bewusstsein der Region rückt, dann muss Anfang September sein, denn zu diesem Zeitpunkt feiert Mayen das traditionelle Stein- und Burgfest. Dieses Fest wurde nach dem Krieg ins Leben gerufen, um Gelder für den erforderlichen Aufbau des Eifelmuseums zu erwirtschaften. Die Bevölkerung, die nach Zerstreuung und Anlässen suchte, bei denen ausgiebig gefeiert werden konnte, nahm dieses Fest sofort begeistert an.
Heute wird in den Wochen vor dem Fest in vielen Publikationen an das Leben in den Mayener Steinbrüchen erinnert. Dabei nimmt mittlerweile der so genannte „Blaue Montag"

fast schon den größten Rahmen ein – eine Tatsache, die Zeitzeugen, die in den Mayener Layen gearbeitet haben, oft ein wenig verärgert.
Blauer Montag bedeutet nichts anderes, als das die Arbeit ruhte und die Belegschaften der einzelnen Betriebe mit Brot, Fleisch und Bier feierten. Dies war im zwanzigsten Jahrhundert die absolute Ausnahme und fand vielleicht ein- oder zweimal im Jahr statt, schließlich konnten es sich die Arbeiter nicht leisten, auf den Lohn eines Tages zu verzichten. Im neunzehnten Jahrhundert, zu Beginn der Industrialisierung, hingegen dürfte der blaue Montag eine größere Rolle gespielt haben. Die hiesige Steinindustrie bot Arbeitsplätze und lockte damit viele Menschen in die Stadt. Der Alkohol floss in dieser Zeit in Mayen noch in Strömen (dazu später noch mehr), und das dürfte den Stellenwert des blauen Montag begründet haben.

Natürlich gab es auch später noch immer diejenigen Kandidaten, die am Tag der Barauszahlung des Lohnes den so genannten Lohntütenball feierten und einen Teil des Einkommens sofort ins Wirtshaus trugen. Damit die Ehefrau dies nicht bemerkte hatten findige Wirte in der Stadt unter der Theke eine Wanne oder einen Eimer mit dem Steinstaub der Layen parat, damit die Männer sich vor dem Heimweg noch einstauben konnten, um den Eindruck eines schweren Arbeitstages vorzutäuschen.

18. Ähse trohn (Essen tragen)

In der Blütezeit der Steinindustrie erklang mittags um 12.00 Uhr eine gewaltige Sirene, die in der gesamten Stadt zu hören war. Dieses akustische Signal bedeutete Mittagspause für die Steinmetze. Etwa eine halbe Stunde vorher setzte sich jeden Tag eine gewaltige Menschenmenge aus der Stadt in Richtung des Mayener Grubenfeldes in Bewegung. Frauen und Kinder transportierten das zuvor frisch gekochte Mittagessen für die schwer arbeitenden Männer an die Arbeitsplätze. Die entsprechenden Behälter (Kachelcher) sollten das Essen warmhalten. Dennoch war zeitlich gesehen Präzisionsarbeit gefragt, denn erstens war es bei den Behältnissen mit der Wärmeisolierung nicht ganz so weit her. Und zweitens galt es pünktlich zu sein, da die Mittagspause auch nicht ewig lange dauerte.

Für die Frauen war der Weg zum Arbeitsplatz und anschließend zurück in die Stadt auch eine Art wertvolle Kommunikationsbörse, denn hier konnte der tägliche Nachrichtenaustausch erfolgen.
Die Kinder hingegen liebten die tägliche Prozedur. Zum einen konnte man in den Werkstätten und mit den Arbeitsgeräten prima spielen und zum anderen durfte der Nachwuchs mit den Männern gemeinsam essen. Da schmeckten plötzlich Dinge unvergleichlich gut, die man zu Hause am Mittagstisch nicht angerührt hätte.

19. Hasenbrot

Die Variante, am Arbeitsplatz des Vaters Dinge zu essen, die man sonst nicht unbedingt gemocht hätte, erweitert die landläufig bekannte Geschichte des Hasenbrotes. Hier handelt es sich um die Butterbrote, die der Vater am Arbeitstag nicht gegessen hatte und am Abend mit nach Hause brachte.

Hätte er dies mit dem Hinweis getan: „Die Brote habe ich heute nicht gegessen, die könnt ihr haben“, so hätten die meisten Kinder die alten, angetrockneten Brote bestenfalls unter Protest gegessen. So aber wurde von einem geheimnisvollen Hasen berichtet, den man auf dem Heimweg gesichtet habe und der mit diesen Broten zu seiner Familie unterwegs gewesen sei. In einem spannenden Kampf habe man dem Hasen eben dieses Hasenbrot entreißen können.

Mit dieser Geschichte gab es keine Diskussionen mehr, ob die Kinder dieses Brot, welches einen ganzen Tag im Butterbrotpapier eingewickelt war und schon beim Auspacken seinen speziellen Duft entwickelte, essen wollten. Es gab vielmehr Diskussionen darüber, ob irgendeines der Kinder bei der Portionierung bevorteilt wurde.

20. Der Palmesel

Überhaupt haben sich in Mayen einige erstaunliche Legenden entwickelt, die häufig in den Nachbarorten schon nicht so bekannt waren und sich nach einem Radius von zehn Kilometer komplett verloren.

So beispielsweise die Geschichte vom Palmesel, der am Palmsonntag, also eine Woche vor Ostern durch die Straßen der Stadt schleicht. An diesem Sonntag war es verboten, ein neues Kleidungsstück zu tragen, da man ansonsten von eben diesem Palmesel umgerannt würde. Es handelt sich dabei um den kleinen Esel, auf dem Jesus beim Einzug in Jerusalem geritten sei. Da dieser Esel in diesem Zusammenhang auch als Symbol der Bescheidenheit gilt, macht das Verbot des Tragens neuer Kleidung am letzten Sonntag der Fastenzeit auch Sinn.

Gesehen wurde der legendäre Palmesel wohl noch nie, obwohl es in jeder Familie mindestens einen entfernten oder bereits verstorbenen Onkel oder eine Tante gab, der oder die sich schon einmal, das Verbot missachtend, entsprechend im Straßenstaub wiedergefunden habe. Lebende Opfer, die man selbst befragen konnte, gab es nie, was die Sache aber nur noch spannender und glaubwürdiger machte.

21. Mayener werden auf „Kolle Höll" beerdigt

Wie üblich befand sich der erste Mayener Friedhof rund um die Kirche, und damit im Kern der Stadt. Aus Gründen der Stadthygiene verfügte Kurfürst Clemens Wenzeslaus die Verlegung des Gottesackers. Nach einer Zwischenstation beim St.Veit-Park wurde der Friedhof zu Beginn des zwanzigsten Jahrhunderts am östlichen Stadtrand angelegt. (4) Seit dieser Zeit werden die Toten, dem Volksmund nach auf „Kolle Höll" bestattet.
Was auf den ersten Blick verschreckend anmutet und auf Kohlen, das Fegefeuer oder gar die ewige Hölle hindeuten könnte, ist nüchtern betrachtet nicht mehr als eine Lagebeschreibung im Dialekt. „Höll" ist der Dialektbegriff für eine Halde. Und tatsächlich befindet sich das Friedhofsgelände oberhalb des Stadtkerns, also auf einer Halde. „Koll" hingegen ist eine Verschleifung von „Konn" beziehungsweise „Kond", was Herrenland bedeutet. Es handelt sich also um eine Halde, die einem Herren (Gutsbesitzer) gehörte.

21 a. Das Paradies liegt gleich nebenan

Gleich neben dem Friedhof liegt das „Conner Paradies". Zur Entstehung dieses Straßennamens gibt es verschiedene Theorien. Eine Herleitung kommt von Conte (Graf, gräflicher Besitz) und Paradeiser, einer Rebsorte, die dort früher einmal angebaut wurde. (5) Eine andere Deutung kommt von der Südlage des Herrenlandes (Kond), welche einfach paradiesisch schön gewesen sein muss. In jedem Falle ergibt sich die wohl einmalige Situation, dass in Mayen Friedhof, Höll(e) und Paradies dicht beisammen liegen. (5)

22. Hochschulstadt Mayen

Vor einigen Jahren schwirrte die Idee durch Mayen, an den Ortseingangsschildern den Schulstandort zu bewerben und als „Hochschulstadt Mayen" zu firmieren und damit Interesse zu wecken. Zwar hat Mayen keine Universität oder Hochschule im klassischen Sinne, aber dennoch war das Bestreben nachvollziehbar, da die Stadt in Sachen Schulwesen neben der Versorgung mit Grund- und weiterführenden Schulen aller Art noch einige Alleinstellungsmerkmale hat.

Steinmetzfachschule
Von 1922 bis 1966 befand sich in Mayen die Steinmetzfachschule, deren erster Direktor der Bildhauer Dr. Carl Burger war, der in Mayen viele Kunstwerke hinterlassen hat.

Dachdeckerfachschule
Das Bundesbildungszentrum des deutschen Dachdeckerhandwerks befindet sich nach wie vor in Mayen. Die Ur-

sprünge finden sich im Jahr 1925, als neben der Steinmetzfachschule auch die Dachdeckerfachschule in Mayen gegründet wurde. Heute beherbergt die Schule in Mayen unter anderem auch alljährlich die Meisterschüler des Dachdeckerhandwerks.

Hochschule für öffentliche Verwaltung

In den Räumlichkeiten des ehemaligen Landratsamtes Mayen hat die Hochschule für öffentliche Verwaltung in Rheinland-Pfalz ihre Heimat gefunden. So ist die Stadt Mayen für alle aufstrebenden Kräfte der öffentlichen Verwaltung in Rheinland-Pfalz ein Begriff. Ob die Erinnerungen positiv oder negativ besetzt sind, richtet sich sicherlich auch nach dem schulischen Erfolg.

Imkerfachschule

1918 wurde das Verbandsgebiet des Bienenzuchtvereins der Rheinprovinz von Bonn nach Mayen verlegt. Sieben Jahre später folgte die Einweihung des Verbandsgebäudes mit Imkerschule und Geschäftsstelle in Mayen.

Seit dieser Zeit wurden Schule und Gebäude stetig renoviert und erhalten.

Waldorfschule

Einen aktuellen Neuzugang im Schulwesen kann die Stadt Mayen seit August 2019 vorweisen. Aufgrund einer Elterinitiative konnte mit Beginn des Schuljahres 2019/2020 eine weitere Alternative des Bildungssystems in Form einer Waldorfschule präsentiert werden.

Im ersten Jahr startete sie mit zwei Klassen. Nach und nach soll die alternative Schulform wachsen und sich mit den Jahren fest etablieren.

23. Bienenfreundliche Stadt Mayen

2014 entwickelte die Stadt Mayen ein richtungsweisendes Umweltkonzept. Einige Jahre bevor das Bienensterben verstärkt in den öffentlichen Fokus rückte, machte sich Mayen auf den Weg, bienenfreundliche Stadt zu werden. Sicher auch motiviert durch den Standort der Imkerfachschule werden seit dieser Zeit öffentliche Flächen mit bienenfreundlichen Gewächsen bepflanzt. Das bedeutet, dass das Pollen- und Nektarangebot für Honig- und Wildbienen erhöht wird. Hierzu zählen die Bepflanzungen an den öffentlichen Gebäuden, vermehrte Projekte in den Schulen, Insektenhotels, Dachbegrünungen und Unterstützungsleistungen für heimische Gärten.

24. Warum sind die Dächer in der Mayener Innenstadt mit dunklem Schiefer gedeckt?

Gerne stellt man in Mayen die Frage, warum die Dächer in der Innenstadt mit dunklem Schiefer gedeckt sind. Die Antwort, die der verständnislos blickende und uninformierte Fragesteller erhält, ist so simpel wie treffend. Die Dächer sind mit dunklem Schiefer gedeckt, damit es nicht hineinregnet. Damit hat der Fragesteller seinen Lacher sicher, aber den wirklichen Hintergrund nicht beleuchtet.

Die Erklärung für das relativ einheitliche Erscheinungsbild der Stadt aus der Vogelperspektive ist verhältnismäßig einfach. In der Satzung über die Gestaltung von Dächern von

Gebäuden vom 25.04.2006 ist vorgeschrieben, dass im Kernbereich der Innenstadt nur dunkle Dachdeckung zulässig ist. Hier ist die Stadt in mehrere Gestaltungszonen unterteilt, für die es unterschiedliche Vorgaben gibt. Im Kernbereich der Stadt, der so genannten Gestaltungszone A, ist sogar das Material vorgeschrieben. Es ist ausschließlich Schiefer aus einem „heimischen Vorkommen (Eifel) bzw. Schiefer, der in Form, Farbe und Struktur gleich ist", erlaubt. Sogar die Art der Deckung wird vorgegeben und muss grundsätzlich in altdeutscher, deutscher oder Schuppendeckung erfolgen. (6) Dies ist auch ein Tribut an den Abbau des bekannten Rhein-Mosel-Schiefers in der Grube Rathscheck in Mayen auf dem Katzenberg.

2017 wurde es dann in Mayen kämpferisch. Die Ankündigung der Werhahn-Gruppe, das traditionsbehaftete Schieferbergwerk auf dem Katzenberg zu schließen, sorgte für heftige Emotionen. Die 51 betroffenen Kumpel gingen ebenso auf die Straße wie zahlreiche Bürgerinnen und Bürger der Stadt, die sich bei Unterschriftenaktionen für den Erhalt der Abbaustätte des bekannten Moselschiefer stark machten. Dieses Engagement und auch politische Resolutionen konnten an der Entscheidung ebenso wenig ändern wie Interventionen früherer Verantwortlicher in diesem Bergwerk, die nach wie vor eine entsprechende Rentabilität in Mayen sahen. Ende 2019 war Schicht im Schacht, und damit endete ein wichtiges Kapitel Mayener Wirtschaftsgeschichte.

Bis Ende der 1950er-Jahre gab es in und um Mayen die größten Dachschieferbetriebe von Westdeutschland. Die namhaftesten waren der Mosellaschacht bei Mayen-Hausen, Der Katzenberg in Mayen, Margareta bei Polch, der Wil-

bertschacht bei Trimbs und der Bausberg bei Kehrig. Bereits Ende der 1970er-Jahre produzierte hiervon lediglich noch die Grube Katzenberg. (7)
Was die Altdeutsche Deckung angeht, die ja auch in Mayen vorherrscht, setzt man in der Industrie künftig auf Gestein aus Spanien, dem man die gleich hohe Qualität wie dem Moselschiefer attestiert.

25. Der Schatz im Silbersee

Im Naturschutzgebiet des Mayener Grubenfeldes zeugen alte Kräne von der Vergangenheit im Steinabbau. Die Ursprünge des Steinabbaus liegen in der Römerzeit. Inmitten des Naturschutzgebietes liegt der Silbersee und erinnert so natürlich an die bekannte Erzählung von Karl May (auch hier findet sich im Namen eine entfernte Verwandtschaft zur Stadt) vom „Schatz im Silbersee". Der Silbersee in Mayen verdankt seinen Namen der Legende, dass auf dem Grund des Gewässers tatsächlich ein Silberschatz sein soll, der nur darauf wartet, gehoben zu werden. (7) In jedem Fall aber finden sich im Mayener Silbersee Naturschätze. Nachgewiesen wurden hier die Glattnatter und die Ringelnatter sowie Gelbbauchunke und Kammmolch. Allesamt Tiere, die unter strengem Naturschutz stehen. (8)

26. Marktbrunnen in drei Etagen

Steht man im Zentrum der Stadt Mayen, so fällt mitten auf dem unteren Marktplatz der zentral gelegene Brunnen ins Auge. Dieser Brunnen ist in drei Ebenen aufgeteilt. Werden diese Ebenen heute bei schönen Wetter vor allem von Kindern als abwechslungsreiche Schwimmmöglichkeit genutzt, hatte diese Unterteilung in früheren Zeiten einen Sinn. Als der Brunnen zentrale innerstädtische Wasserstelle war, galt die Regelung, dass die großen Nutztiere im unteren Bereich trinken (Rinne), die kleineren Tiere im mittleren Sektor (Tränke), während die Menschen ihr Trinkwasser in der oberen Etage abschöpften (Brunnen).

27. Brisante Fußballspiele der Lokalrivalen

Der Fußball ist in Mayen Sportart Nummer eins, auch wenn die goldenen Zeiten mit städtischen Derbys zwischen dem TuS und dem Rheinland Mayen Vergangenheit sind. In den fünfziger und sechziger Jahren mobilisierten diese Duelle tausende Zuschauer und elektrisierten die Stadt wochenlang.

Legendär der „Kindersturm“ des TuS Mayen, als mit Hans-Peter Bohr, Hans Kaes und Emil Dohr drei achtzehnjährige Angreifer über den Lokalrivalen mit 6:3 hinwegfegten. „Was wollt ihr denn mit diesen Kindern?“ waren die TuS-Anhänger vor der Partie wochenlang gefragt worden. Aufgebracht hatte diesen Begriff der Keeper des SV Rheinland Mayen namens Schweitzer. Ein etablierter Torhüter, der die Nachwuchsspieler des TuS Mayen nicht ernst zu nehmen schien. Eine Frage, die getreu Adi Preißlers „Was zählt, is auf'm Platz“ eindrucksvoll beantwortet wurde. Nach zehn Spielminuten hatte Hans-Peter Bohr bereits dreimal getroffen und sich damit in den Sportannalen der Stadt verewigt.

Bei einem anderen Spiel wurde einem Zuschauer Flüssignahrung versprochen, falls er den Vorsitzenden des gegnerischen Vereins vor Spielbeginn ohrfeigen würde. Die alkoholischen Getränke wechselten ihren Besitzer, da der angesprochene Fußballfreund den Vorsitzenden nicht nur ohrfeigte, sondern mit einem gezielten Faustschlag an der Mittellinie zu Boden streckte.

Seine Blütezeit hatte der Fußballsport Ende der siebziger und Anfang der achtziger Jahre, als der TuS Mayen in der damaligen Amateur-Oberliga Südwest (dritte Liga) und der SV Rheinland Mayen nur eine Liga darunter in der Rheinlandliga auf Punktejagd gingen.

28. Platzordner verhindert Gegentor

Der 14. August 1999 ging in die Annalen des Mayener Fußballsports ein, obwohl die eigentlichen Sportler nur eine Nebenrolle spielten. Der TuS Mayen hatte den saarländischen FC Homburg zu Gast. Vor 340 Zuschauern führte der Gast kurz vor dem Ende klar mit 3 : 1. Die Gäste aus Homburg hatten aufgrund von drei Platzverweisen (zwei für Mayen und einer für Homburg) durch den späteren Bundesligaschiedsrichter Dr. Jochen Drees auch noch numerische Überzahl.

In dieser Phase kam ein Gästespieler alleine auf das Mayener Tor zu, umkurvte Torwart Engels und schob das Leder aus gut zwanzig Metern in Richtung leeres Tor. Der Angreifer drehte bereits jubelnd ab, als sich plötzlich ein Platzordner mit Regenschirm, der neben dem Tor seinen Dienst versah, in Bewegung setzte, auf den Platz lief und den Ball

vor Überschreiten der Torlinie wieder zurück ins Feld kickte. Zunächst Totenstille im Mayener Nettetal, dann begeisterter und gleichzeitig ungläubiger Jubel im Mayener Fanlager und verständlicher Frust beim Gast. Als die Gäste von der Saar die Situation erkannten, lösten sich die Spieler aus der vermeintlichen Jubeltraube und bewegten sich in Richtung des Platzordners, der in diesem Moment wahrscheinlich selbst erkannte, was er gerade getan hatte. Als er die Homburger Spieler nahen sah, ergriff er sofort die Flucht und wurde von den Gäste-Akteuren sogar noch bis außerhalb des Sportgeländes verfolgt.
Minuten später, als sich der Tumult wieder gelegt hatte, wurde die Partie regelkonform mit Schiedsrichterball fortgesetzt.
Später auf die Situation angesprochen sprach der Platzordner von einem Blackout. Er habe gesehen, wie der Ball auf das leere Tor zugerollt sei, und dann habe neben ihm jemand gerufen: „Lauf, den bekommst du noch“. Und dann sei er ohne nachzudenken nur noch gelaufen.
Auch wenn der TuS Mayen in der Nachspielzeit noch auf 2:3 verkürzte, gingen die Punkte seinerzeit aber verdient ins Saarland.

29. Fuchsjagd ohne tierische Beteiligung

Wenn man den Begriff „Fuchsjagd“ hört, dann denkt man an Waidmänner, Hallali und kleine braune Waldbewohner. Auch verortet man diese Aktivitäten gerne in den britischen Adel. Mayen hingegen erzählt sich von der wohl einzigen Fuchsjagd, die komplett ohne tierische Beteiligung auskam.

Die Wurzeln hierzu liegen im Fußball und der Spielzeit 1967/68. Die SV Rheinland Mayen schickte sich an, in die Rheinlandliga aufzusteigen, bis zu dem ominösen Heimspiel gegen den VFB Lützel. Ein Stürmer der Gäste erzielte den entscheidenden Treffer zum 2:1, nachdem er für alle Spieler sichtbar zuvor die Hand zu Hilfe genommen hatte. Der Einzige, der die Regelwidrigkeit nicht erkannt hatte, war der Unparteiische. Nach dessen Entscheidung auf Tor gab es entsprechende Tumulte auf dem Sportplatz. Der Unparteiische ergriff die Flucht und die Anhänger stürmten hinterher. Da der Schiedsrichter den Familiennamen Fuchs trug, sprach man in Mayen später lange von der „Fuchsjagd im Nettetal".

30. Mayen und die Fußballbundesliga

Fünf Spieler, die das Trikot des TuS Mayen getragen haben, sind auch in der höchsten deutschen Spielklasse, der Fußballbundesliga, aufgelaufen.

Winfried Schäfer

Der erste, der vom TuS Mayen in die Beletage wechselte, legte auch die bisher spektakulärste Karriere hin. Er wechselte 1968 zu Borussia Mönchengladbach mit dem Trainer Hennes Weisweiler, der sich mit dem Satz „ne Rude well esch han" für den Wechsel ausgesprochen haben soll. Später spielte er noch für Kickers Offenbach und den Karlsruher SC. Schäfer ist wohl der einzige Spieler, dem es gelang, in einem Jahr mit zwei verschiedenen Clubs Deutscher Meister und Deutscher Pokalsieger zu werden. Es war das Jahr 1970. Aufgrund der Fußball-WM in Mexiko wurde die entscheidende Phase des Pokalwettbewerbs in den August verlegt. Zu dieser Zeit war Schäfer, der zuvor mit Borussia Mönchengladbach die Meisterschaft bejubelt hatte, zu den Offenbacher Kickers gewechselt, die dann im Pokal-Finale gegen den 1. FC Köln gewannen. Später arbeitete Schäfer erfolgreich als Trainer beim Karlsruher SC und hat sich seit 2001 zum fußballerischen Weltenbummler entwickelt. Engagements in Kamerun, den Vereinigten Arabischen Emiraten, Aserbaidschan, Thailand, Jamaika und dem Iran stehen heute in seiner Vita. Dabei konnte er seine Titelsammlung deutlich erweitern.

Weggefährten und Beobachter der Mayener Sportszene erinnern sich, dass die Jugendmannschaft des TuS Mayen, in der Schäfer spielte, zahlreiche hoch veranlagte Kicker in ihren Reihen gehabt habe, von denen auch der eine oder andere mit noch mehr Talent als Schäfer gesegnet gewesen sei. Schäfer aber habe häufig freiwillige und zusätzliche Trainingsschichten eingelegt, wenn seine Mannschaftskameraden bereits im Vereinslokal aktiv waren. Berichtet wurde, dass er sogar Balljungen gegen einen kleinen Obulus engagiert hatte, die ihm beim Freistoß- und Eckballtraining die Bälle zurückbrachten, damit er eine höhere Übungsfrequenz erreichen konnte.

Eine Beziehung zur Stadt Mayen wie beispielsweise bei Mario Adorf besteht nicht.

Manfred Mannebach

Drei Bundesligaeinsätze hat Manfred Mannebach auf seinem Konto, dabei aber Spiele, über die man spricht, weil sie eine gewisse sporthistorische Bedeutung haben. Mannebach wechselte 1975 zum Kiezclub FC St. Pauli und wurde in seiner ersten Saison Zweitligameister. Sein erstes Bundesligaspiel war die Bundesligapremiere des Kultclubs FC

St. Pauli gegen Werder Bremen. Sein zweites Spiel war beim FC Bayern München und sein letzter Einsatz war im Lokalderby gegen den HSV, welches der Underdog mit 2:0 gewann. Anschließend kam er verletzungsbedingt nicht mehr zum Einsatz und wechselte vom Absteiger St. Pauli zu Rot-Weiß Essen in die zweite Liga.
Manfred Mannebach war ein klassischer Straßenfußballer und kam erst im Alter von 13 Jahren zum TuS Mayen und damit zum Vereinsfußball. Unvergessen seine läuferischen Fähigkeiten und seine schier nicht enden wollende Kondition. Abseits des Sportplatzes galt er in Mayen als sympathischer Zeitgenosse, der auch in der dritten Halbzeit seine Qualitäten hatte. Mit Ehrfurcht hat man diese beiden Seiten des Manfred Mannebach beschrieben: „Den könntest du zehn Minuten vor Spielbeginn unter dem Tisch eines Lokals herausziehen, der würde dann immer noch doppelt so viel rennen wie alle anderen."
Mannebach verstarb 1999, als er bei einem Trainingsspiel dem Sekundentod erlag.

Horst „Petti" Feilzer
Auch für Feilzer war der FC St. Pauli die erste Profistation. Er wechselte 1977 nach Hamburg und kam in der Bundesligasaison auf 18 Einsätze. Nach zwei Jahren wechselte er zum VFL Osnabrück, ehe er sich 1994 Bayer Uerdingen anschloss. Dort gehörte der torgefährliche Mittelfeldspieler zu den tragenden Säulen in der wohl erfolgreichsten Epoche des Krefelder Klubs.
Beispielsweise war er dabei, als Bayer Uerdingen nach scheinbar aussichtslosem Rückstand das Rückspiel im Pokal der Pokalsieger gegen Dynamo Dresden mit 7:3 gewann und das Halbfinale erreichte.

Nachdem 1985 das Berliner Olympiastadion als dauerhafte Austragungsstätte für das DFB-Pokalfinale festgelegt worden war, trafen dort der FC Bayern München und Bayer Uerdingen aufeinander. Die frühe Führung des Favoriten aus dem Süden der Republik glich Feilzer aus und am Ende jubelten die Krefelder.

1986 beendet er seine Karriere nach einem Gastspiel bei Blau-Weiß 90 Berlin.

Bei Feilzer konnte man die Veranlagung schon in den Jugendjahren gut erkennen. Die Mayener, eher bodenständiger Natur, blickten ein wenig verwundert auf den jungen Mann, der schon als Juniorenspieler aus seinen sportlichen Ambitionen keinen Hehl machte. Entsprechend kritisch wurden seine Auftritte in der ersten Seniorenmannschaft beobachtet. Immer wieder wurden Fehler abfällig kommentiert, was den Vater eines Tages zu der Aussage verleitete: „Ihr wärt nächstes Jahr froh, wenn er noch hier wäre.“ Diese zunächst belächelte Prognose sollte sich bewahrheiten.

Feilzer war zu aktiven Zeiten oft bei seiner Familie in Mayen und vergaß auch seinen Heimatverein nicht. Für die ersten Hallenfußballturniere, die damals organisiert wurden, steuerte er immer Merchandisingartikel seiner Clubs bei. Öfter als einmal brachte er, auch ohne vorherige Anfrage, handsignierte Trikots von Bayer Uerdingen zum Mayener Jungendtrainer Wilfried Blasweiler, den Feilzer aus dem Mayener Schwimmbad kannte und als Kind erlebt hatte.

Arno Glesius

Ein Jahr kickte Glesius in der A-Jugend des TuS Mayen und kam nach Zwischenstationen bei den Eisbachtaler Sportfreunden und dem FV Bad Honnef zum Bundesligisten

Karlsruher SC (Trainer damals: Winfried Schäfer; *siehe S. 44*). Wie Schäfer kam auch Glesius 1986 zum damaligen Zweitligisten. Ein Jahr später war der KSC aufgestiegen und Glesius hatte 14 Tore beigesteuert. Im ersten Bundesligajahr wurde er mit neun Toren bester Torschütze des KSC und sicherte mit seinem Tor zum 1 : 1 gegen Eintracht Frankfurt seinem Team am letzten Spieltag den Klassenerhalt.

Stefan Bell

Für die Spielzeit 2006/2007 wechselte ein junger Mann namens Stefan Bell im Alter von 15 Jahren von der JSG Wehr/Rieden/Volkesfeld nach Mayen. Nach genau einem Jahr wechselte er zum FSV Mainz 05. Dort spielte er zunächst in der Jugend, und dann in der U23. 2010 bis 2012 wurde er zu 1860 München und Eintracht Frankfurt verliehen, ehe er sich in Mainz etablierte.
2010 lehnte er ein Angebot von Inter Mailand ab. Der italienische Kultclub hatte 1,5 Millionen für Bell geboten.
Bell ist neben seiner Profitätigkeit mit seiner Heimat verwurzelt und sogar Beisitzer seines Heimatvereins FV Wehr.

Schließlich gab es noch einen weiteren TuSer, der sich als Trainer einen Namen machte.

Reinhard Saftig

Reinhard Saftig hat kein einziges Spiel in der Bundesliga bestritten, aber an der Seitenlinie machte er eine bemerkenswerte Karriere. Saftig, selbst aktiver Spieler des TuS Mayen und in Mayen nur unter seinem Pseudonym „et Nössje“ (sprich das Nüsslein) bekannt, spielte aktiv in der Rheinlandliga, die seinerzeit die dritte Liga in Fußballdeutschland war. Bereits in dieser Zeit arbeitete er an seiner Fußballlehrerausbildung und schloss diese 1978 als Jahrgangsbester ab. Dies brachte den Manager des FC Bayern München, Uli Hoeneß, auf die Spur des gebürtigen Uersfelders, als er einen Co-Trainer für Pal Csernai suchte. „Ich lass' mich doch nicht verarschen", ist die in Mayen überlieferte Reaktion Saftigs, als sich Hoeneß telefonisch bei ihm meldete. Saftig vermutete einen Scherz seiner Freunde.

Nachdem sich jedoch Klarheit eingestellt hatte, heuerte Saftig im Alter von 27 Jahren beim FC Bayern an, wurde Co-Trainer unter Csernai und anschließend unter Udo Lattek.

1984 zog es ihn in den Ruhrpott zu Borussia Dortmund. Dort übernahm er von 1986 bis 1988 erstmals den Posten des Cheftrainers. Saftig war Trainer des BVB in den denkwürdigen Relegationsspielen gegen Fortuna Köln, als er mit den Dortmundern wirklich auf den letzten Drücker die Bundesligazugehörigkeit sicherte.

Eher tragisch endete sein Engagement bei Bayer Leverkusen, als er den Werksclub 1983 ins Pokalfinale führte und kurz vor dem Endspiel entlassen wurde. Sein Nachfolger Dragoslav Stepanovic konnte sich daher ins Geschichtsbuch von Bayer 04 eintragen, als er gegen die Amateure von Hertha BSC den DFB-Pokal gewann.

31. TuS-Nasen

In der Region Mayen wurden die Spieler und Anhänger in vergangener Zeit durchgängig als „TuS-Nasen" bezeichnet.

Ursprung dieses Namens war das langjährige Vereinslokal „Eifler Hof". Der Vereinswirt hatte eine auffallend große Nase, und diese brachte ihm in Kombination mit seinem

Familiennamen „Friederich“ den Spitznamen „Friedrichs Nas“ ein. Aus dieser Namensgebung erwuchs dann schnell auch die Bezeichnung für die „TuS-Nasen“.

Es gibt Erzählungen in der Stadt, die von einer legendären Postkarte aus dem Ausland berichten, auf deren Adressfeld sich lediglich die Zeichnung einer überdimensionalen Nase mit dem Zusatz „5440 Mayen“ befunden haben soll. Diese Postkarte sei im Eifler Hof zugestellt worden. Eine Analogie hierzu ist dem Autor selbst bekannt. Willi Colmie, in Mayen unter dem Namen „De Plööt“ (die Glatze) bekannt, erhielt eine Postkarte, auf der sein Seitenprofil karikiert war. Doch zu dieser außergewöhnlichen Persönlichkeit später mehr.

32. Günstige Mayener Wohnwagen als Exportschlager

1962 machte der Mayener Unternehmer Günther Hennerici von sich reden. Er produzierte in Mayen Wohnwagen zu einem unschlagbaren Preis und sorgte mit dafür, dass die ausgebrochene Reiselust der Deutschen sich ihren Weg bahnen konnte.
Für 2.495,– DM gab es diesen Wohnanhänger, der auf zwei, höchstens drei Personen ausgelegt war. Die Kugelform des Einachsers machte den Eifellandwohnwagen unverkennbar. Aufgrund des glänzenden Preis-Leistungsverhältnisses zierten innerhalb kurzer Zeit viele Wagen aus Mayener Produktion die Autobahnen.

Um keinen Werbegag verlegen, nutzte man die Nähe zum Nürburgring und erzielte dort 1967 einen inoffiziellen Welt-

rekord für Wohnwagengespanne. Sagenhafte 176,4 Stundenkilometer erreichte das Gespann.
Jahr für Jahr entwickelte Eifelland neue, modernere Fahrzeuge, die von Mayen aus ihren Siegeszug quasi um die Welt antraten. Die Eigenwerbung sprach davon, dass der Radstand „auf das Äußerste" berechnet wurde, was eine besonders gute Straßenlage garantiere. Als Beweis wurde der Test auf der Rennstrecke des Nürburgrings herangezogen.

1970 stellte das Unternehmen nach eigenen Angaben bis zu 60 Wohneinheiten in vierzehn Fertigungshallen am Tag her. Noch 2007 gingen Wohnwagen unter der Bezeichnung Eifelland vom Band. (9)

Heute finden sich in den Internetforen, auf Verkaufs- und Tauschseiten noch viele Modelle, die von der Blütezeit der Wohnwagenherstellung in Mayen Zeugnis ablegen.

33. Mayener Rennstall in der Formel 1

Die Nähe zum legendären Nürburgring sorgt dafür, dass die Stadt Mayen eine hohe Affinität zum Rennsport hat. Der AC (Automobil Club) Mayen ist nur ein Indiz für diese Verbundenheit.
Im Jahre 1970 unterstützte die in Mayen ansässige Firma Eifelland-Caravan den aufstrebenden Rennfahrer Rolf Stommelen, der unter anderem bei Brabham sich seine ersten Meriten in der Königsklasse verdiente.

Der Mayener Günter Hennerici stellte sich irgendwann die Frage, warum er dem Rennfahrer eigentlich kein eigenes

Auto zur Verfügung stellen sollte. Gesagt, getan – durch die tatkräftige Unterstützung von Erwin Derichs, der den Boliden aufbaute, und den Designer Luigi Colani, der sich um das äußere Erscheinungsbild kümmerte, nahm der Rennstall aus Mayen kurz darauf an den Formel-1-Rennen teil. 500.000,– DM ließ man sich die Entwicklung damals kosten. (10) Nach nur acht Rennen war das Abenteuer allerdings schon wieder vorüber, da die Firma selbst im August 72 verkauft und die Rennabteilung darauf hin geschlossen wurde.

Ausstehende Gehaltsforderungen von Rolf Stommelen wurden dadurch beglichen, dass man ihm das Fahrzeug überließ. Über Berni Ecclestone kam das Fahrzeug zu John Watson, der den „Eifelland" jedoch im zweiten Rennen zerlegte.
2010 kam der Eifelland wieder zurück nach Mayen. Erwin Derichs baute das Fahrzeug neu auf und im Rahmen des 25. ADAC Truck Grand-Prix kurvte das legendäre Fahrzeug wieder über den Ring. (11)

34. Rheinland Mayen schneller als Eintracht Braunschweig

1973 überraschte Eintracht Braunschweig die Fußball- und Jägermeisterfabrikant Günter Mast die Werbewelt. Erstmals zierte Werbung die Brust von Fußballern, eine Idee, die dem DFB nicht gefiel. So wurde der Namenszug auf dem Trikot seinerzeit verboten, lediglich der Jägermeisterhirsch verdrängte den Löwen als Wappentier der Niedersachsen.

Die Presse berichtete damals über dieses unglaubliche Unterfangen, bei dem sich die Verantwortlichen sogar überleg-

ten, den Vereinsnamen in Eintracht Jägermeister Braunschweig zu ändern. Noch heute sprechen die Medien davon, dass die Eintracht aus Braunschweig damit eine Revolution im Fußball ausgelöst hätte.
Das stimmt insoweit, dass Trikotwerbung heute gang und gäbe ist. Aber die Idee wurde in Mayen bereits früher umgesetzt. Die „Eifelland-Wohnwagenbau“ *(siehe 32.)* übernahm bereits 1970 das Sponsoring der Fußballabteilung des SV Rheinland Mayen, der daraufhin seinen Vereinsnamen in „SV Rheinland Eifelland“ änderte. Durch das Sponsoring wurde unter anderem der so genannte Rheinlandplatz wieder aufgebaut sowie eine Flutlichtanlage und eine überdachte Tribüne installiert.
1972, also ein Jahr, bevor das Modell Jägermeister bundesweit Schlagzeilen produzierte, endete diese Kooperation bereits wieder, da das Unternehmen verkauft wurde. Folglich wurde auch die Namensergänzung im Vereinsnamen wieder aufgehoben. (12)

35. Lied vom Mayener Jung

Der erste, der sich anschickte, die Mayener Mundart zu verschriftlichen, war der in Mayen geborene Viktor Kaifer (*1831 – † 1913). Neben zahlreichen Texten und Artikeln, die im „Mayener Kreis- und Anzeigenblatt“ erschienen (13), schenkte er den Mayenern das „Lied vom Mayener Jung“.

In diesem Lied schildert Kaifer die Mayener Lebensart zum Ende des neunzehnten Jahrhunderts. In sieben Strophen beschreibt Kaifer den Mayener und seine Umgebung. Er benennt alte Kinderspiele, die Unlust des Kindes zum

Schulbesuch und vieles mehr. Innerstädtische Wettkämpfe unter Straßenzügen und Stadtvierteln finden sich ebenso. Beispielsweise loderten am Martinstag früher anscheinend mehrere Feuer in der Stadt. Es war ein Ziel der Jugend, die Feuer des Nachbarbezirks bereits früher zu entzünden oder das Holz zu entwenden. Laut Liedtext endete dies dann in einer handfesten Keilerei.
Spötter behaupten, dieses Lied lasse sich kurz zusammenfassen: „Der Mayener feiert gerne, trinkt gerne, läuft den Mädchen hinterher und prügelt sich.“ Sie ergänzen diesen Zusatz dann augenzwinkernd mit dem Hinweis, dass sich seitdem nicht allzu viel verändert habe.

35 a. Melodie des Mayener Jung

Der Text ist eine Eigenkreation von Viktor Kaifer, die Melodie wurde jedoch „entliehen“. Zwar findet sich die einhundertprozentige Übereinstimmung mit dem „Mayener Jung“ nicht, was aber daran liegen dürfte, dass man sich mit den Jahren die Melodie passend zum Text geschliffen haben dürfte.
Da gibt es die Nähe zum Volkslied „Mein Lebenslauf ist Lieb und Lust“ (Siegfried August Mahlmann von 1808) und zum „Bozener Bergsteigerlied“, welches 1926 zur bestehenden Melodie eines alten Handwerkerliedes getextet wurde. Dieses Werk gilt als inoffizielle Hymne der Südtiroler.

35 b. Selbstverständnis des Mayeners

Wie zuvor beschrieben, wurde die Melodie der Mayener Nationalhymne importiert, was natürlich im neunzehnten Jahrhundert nicht so auffiel, da die Menschen doch noch sehr heimatverbunden und wenig mobil waren.

Dies änderte sich nach dem Wiederaufbau und dem damit verbundenen Wirtschaftsboom nach dem Zweiten Weltkrieg. Auch die Mayener, die sich schnell stabilisieren konnten, zog es anschließend in die weite Welt hinaus. Da auch Tirol zu den beliebten Urlaubszielen zählte, kam es immer wieder vor, dass Mayener bei ihrer Rückkehr aus Tirol folgendes zu berichten hatten, was auch stark für das ausgeprägte Selbstverständnis der Eifelstädter spricht: „Stellt euch nur vor, da sitzen wir in Tirol bei einem Volksfest im Festzelt. Wir beide als einzige Mayener und mehr als tausend Menschen drum herum. Und dann spielt die Kapelle für uns beide doch tatsächlich den ‚Mayener Jung'."

Natürlich kann man hier auch von einer gewissen Naivität oder Leichtgläubigkeit sprechen, die den Mayenern bereits 1789 von amtlicher Stelle aus bescheinigt wurde.

Heute verleiten die Ausführungen des damaligen Amtsverwalters Karl Kaspar Meesen und seines Sohnes Urban, in denen sie sich zum „Charakter der Einwohner" und der „Leibesbeschaffenheit" der Mayener wie folgt äußerten, eher zum Schmunzeln: „Der Mayener ist gesund und starken Leibes, leichtgläubig, eigennützig, hängt den Mantel nach dem Winde, ist zu aller Arbeit geschickt, aber nicht emsig, ist nicht häuslich, vielleicht mehr dem Weine sehr ergeben und sehr hitzig." (14)
Einige dieser Beschreibungen finden sich auch im zuvor beschriebenen Text des „Mayener Jung" wieder.

Widerspruch dürfte diese Einschätzung jedoch ernten, was die Aussage „hängt den Mantel nach dem Winde" angeht. Doch dazu mehr im nächsten Kapitel.

35c. Lied vom Mayener Mädchen

Nicht nur in Sachen Vermarktung im Fußballsport (Stichwort SV Rheinland Eifelland Mayen) beweist der Mayener Kreativität und progressive Weitsicht. Auch in Sachen Gleichberechtigung war der Mayener seiner Zeit weit voraus. Fast zeitgleich zum „Lied vom Mayener Jung“ textete Viktor Kaifer auch das „Lied vom Mayener Mädchen“. Der Einfachheit halber wurde auch hier die gleiche Melodie zu Grunde gelegt. Dabei wird das Mayener Mädchen als Schönheit beschrieben, die den Mayener Jungen fast zwangsläufig den Kopf verdreht, dabei aber tugendsam nicht auf den Erstbesten hereinfällt, sondern sich der echten Zuneigung auch vergewissert.

Der ehrlichen Beschreibung der Gegebenheiten in Mayen sei der Hinweis geschuldet, dass dieses Lied im Bewusstsein der Bevölkerung aber ein Schattendasein fristet, wenn man es freundlich formulieren möchte. Während der „Mayener Jung“ bei öffentlichen Veranstaltungen omnipräsent ist, kennen nur Insider das „Lied vom Mayener Mädchen“. Die Mundartinitiative des Geschichts- und Altertumsvereins arbeitet gerade daran, auch dieses Werk mehr ins Bewusstsein zu rücken.

35d. Wirklich bekannt sind nur die ersten beiden Strophen

Wenn dann zu festlichen Anlässen und ganz besonders im Karneval das „Lied vom Mayener Jung“ erklingt, dann singen die Mayener voll Inbrunst mit ...

... die erste Strophe in jedem Fall

... die zweite Strophe noch das Gros der Anwesenden

Spätestens dann, wenn die Kapelle, in Euphorie verstiegen, die dritte Strophe intoniert, herrscht im Publikum Schweigen, und nur ein paar Unentwegte und Detailkenner zeigen sich vermeintlich textsicher.

Warum das tatsächlich so ist, dass der Gesang sich auf höchstens zwei Strophen beschränkt, ist nicht eindeutig zu ermitteln. Es kann natürlich damit zusammenhängen, dass sieben Strophen eines Liedes bei öffentlichen Aufführungen einfach zu lang sind und man sich daher früh auf zwei Strophen verständigt hat.

Aber es gibt natürlich auch wieder eine augenzwinkernde Betrachtung, die dem spöttischen und mitunter selbstzerstörerischen Hang der Mayener (dazu später mehr) Ausdruck verleiht. Der „Mayener Jung" wird heute tatsächlich fast nur noch im Karneval als Einzugsmarsch der Aktiven gespielt. Nun muss man wissen, dass die Stadt Mayen seit Jahrzehnten darunter leidet, keine Stadthalle, noch nicht einmal eine der Stadtgröße adäquate Veranstaltungshalle zu haben. Bei rund 300 Besuchern endet die Platzkapazität. Das bedeutet für die Karnevalisten, dass bei diesen beschränkten Räumlichkeiten zwei Strophen für den Einmarsch immer ausreichend sind, egal wie groß die Abordnung ist und wie langsam die Aktiven einmarschieren.

35 e. Die ominöse dritte Strophe

Und dann gibt es sie doch, die textsicheren Stadtpatrioten, die auch bei der dritten Strophe des „Mayener Jung" nicht wanken und mit stolz geschwellter Brust ihre textliche Überlegenheit demonstrieren. Sie genießen die Bewunderung des

Augenblicks, wenn alle Augen auf sie gerichtet sind und der Rest der Gesellschaft anerkennend, gepaart mit einem Hauch von Neid, ehrfürchtig lauscht ... Jetzt aber genug von diesem Traumbild, welches sich der eine oder andere „Dritt-Strophen-Sänger" zurechtgelegt hat, denn es hat deutliche Risse. Wenn tatsächlich eine dritte Strophe gesungen wird, dann nimmt der Mayener die vierte Strophe. Die eigentliche dritte Strophe wird einfach ignoriert.

Über die Gründe dieser kollektiven Verdrängung lässt sich nur spekulieren. Jedenfalls beginnt der Text mit den Worten „Er fröscht neust noh em Fahreschwanz". In der Übersetzung bedeutet dies „Er fragt nicht nach einem Ochsenziemer". Dieser Ochsenziemer, so hat es der Geschichts- und Altertumsverein mittlerweile herausgefunden, ist eine Handpeitsche, die oft in Gaststätten unter der Theke deponiert war, um unliebsame und gewaltbereite Gäste des Lokals zu verweisen. Möglicherweise dienten diese in der Zeit der Textentstehung auch der Kindererziehung, denn im Anschluss an den ersten Satz werden zahlreiche Kinderspiele aufgezählt, die der Mayener Nachwuchs dem Ochsenziemer vorzieht.

Dieser Ochsenziemer, so die Ergebnisse der Recherchearbeit, wurden seinerzeit aus den Geschlechtsteilen von Ochsen hergestellt. Nun könnte es sein, dass dies der Mayener Bevölkerung irgendwann peinlich war und man deshalb diese schlüpfrige und obszöne Passage totschweigen wollte.

Auch hier gibt es jedoch die Fraktion, die diesen Gedankengang ausschließt, weil einem Mayener eigentlich nichts oder zumindest eine solche Begrifflichkeit nicht peinlich wäre.

36. Der Mayener und seine Abneigung gegen die Obrigkeit und vermeintliche Autoritäten

Ein besonderer Wesenszug der Mayener Bevölkerung ist eine gewisse Widerspenstigkeit oder auch ziviler Ungehorsam, wenn (selbst ernannte) Obrigkeiten, Institutionen oder Würdenträger dem Mayener vorschreiben, was er zu tun und zu lassen hat.
Überhaupt sind ihm hochnäsige Angeber sehr suspekt. Der Volksmund hat für diesen Typus Mensch den Begriff des „Huhpissers“ (Hochpinkler) entwickelt. Der Name resultiert wahrscheinlich daher, dass diese Menschen die Nase so hoch tragen, dass sie quasi in Rücklage gehen und daher beim Urinieren den Strahl nach oben richten würden.
Diese Ablehnung äußert sich in Missachtung der Vorgaben oder trotzigen Reaktionen, mit denen hin und wieder auch Fakten geschaffen werden. Einige Beispiele gefällig:

Das Alte Rathaus auf dem Marktplatz
Um 1700 begann der Kurfürst Johann Hugo von Orsbeck die ruinöse (roddaschöllesche: *siehe 5.*) Burg oberhalb des Mayener Marktplatzes in eine dreistöckige barocke Schlossanlage umzubauen. Selbst der angrenzende Marktplatz wurde zur Inszenierung der Schlossanlage baulich aufgebrochen, sodass die Häuserfronten mit der Burg eine Kulisse abgaben, die auf die arbeitende und einfache Mayener Bevölkerung eher befremdlich wirkte.
Im Jahre 1717 begannen die Mayener am anderen Ende des Marktplatzes das Rathaus der Stadt zu bauen und die Gestaltung dieses Bauwerkes sagt viel über die Mayener Denke aus. Im Normalfall richtet man den Ein- und Aus-

gang eines solchen Gebäudes an zentraler Stelle immer dem bedeutenden Platz zu, was in diesem Falle der Marktplatz und damit unweigerlich auch das Bauwerk des Kurfürsten gewesen wäre.

Betrachtet man das Alte Rathaus der Stadt Mayen heute, stellt man jedoch fest, dass die Mayener von diesem ungeschriebenen Gesetz abgewichen sind. Der Eingang befindet sich seitlich der Hauptfront des Bauwerkes und des Marktplatzes. Über dem Eingang befindet sich ein Balkon, der aufgrund dieser ungewöhnlichen Anordnung einen wenig repräsentativen Ausblick zulässt. Geradeaus blickt man auf die Häuserfront und der Blick auf den eigentlichen Marktplatz gelingt nur, wenn man sich seitwärts auf den Balkon stellt. Zur Verkündung eventueller Erlasse sehr unbequem.

Viele Hinweise sprechen dafür, dass die ursprüngliche Planung des Architekten die klassische Bauweise und Anordnung vorgesehen hatte, hiervon aber wohl in einer Art Eilverfahren Abstand genommen wurde.

An der Hauptfront finden sich durch die Anordnung der Steine Indizien, dass die Abkehr von der normalen Bauweise nicht von Anfang an geplant war, sondern vielmehr als Korrektur der begonnenen Arbeiten zu sehen ist. Noch deutlicher wird dies an der Eingangseite. Hier wirken die Fenster zum Eingang hin gequetscht und die Fensterläden schlagen gegen den Uhrenturm, sind also nicht komplett zu öffnen. (15)

Gut möglich, dass sich hier die Ende des 18. Jahrhunderts beschriebene Hitzigkeit des Mayeners *(siehe 35 b.)* ihre Bahn gebrochen hat und es aufgrund eines aktuellen Zerwürfnisses mit dem Kurfürsten zur spontanen Umgestaltung des Rathauses kam. Jedenfalls waren Bürger und Ratsherrn nicht mehr gezwungen, beim Verlassen des Rathauses auf die Burg zu blicken.

Die Herz-Jesu-Kirche

Seitlich des Marktplatzes und auch noch gerade so zu Füßen der Burg steht die Herz-Jesu-Kirche. Auch hier haben die Mayener mal wieder ihren Kopf durchgesetzt und das Kirchenbaurecht offensiv ausgelegt. Im Mittelalter war es üblich, Kirchen zu „osten". Das bedeutet, dass sich Altar und Chor üblicherweise im Osten befinden.

Für die Mayener hätte dies bedeutet, dass die Herz-Jesu-Kirche nicht über den Vorplatz verfügen würde, den sie heute hat. Damit ist also klar, dass sich die Mayener beim Bau der Kirche 1911/1912 nur allzu bereitwillig darauf beriefen, dass diese Ostung seit einigen Jahrhunderten nicht mehr so sklavisch zu befolgen sei.

Brautpaare oder Jahrgänge, die ihre Treffen mit einem Gottesdienst feiern, danken es wahrscheinlich unbewusst beim Anblick der schönen Erinnerungsfotos, die auf dem großzügig gestalteten Vorplatz geschossen werden können.

Die tote Stadt

Nach dem verheerenden Bombenangriff am 2. Januar 1945 war die Mayener Innenstadt in Schutt und Asche versunken. Der amtierende Bürgermeister Ludwig Bliedung, der erst Mitte des Jahres 1944 von der NSDAP nach Mayen beordert worden war, erklärte Mayen zur toten Stadt.

Nach der allgemein gültigen Definition bedeutete dies: Die Stadt war so schlimm getroffen und die Infrastruktur so weit zusammengebrochen, dass sie der Bevölkerung nicht mehr zum Überleben dienen könne.

Viele Mayener Zeitgenossen sahen diese Entscheidung trotz der dramatischen Schäden als verfrüht und übereilt an und das, obwohl die Innenstadt fast zu neunzig Prozent zerstört war. Dennoch wurde die Erklärung ausgerufen. Unter anderem auch in den Bunkern, in denen die Bevölkerung Schutz gesucht hatte. Nur zwei Wochen nach dieser Entscheidung war Bliedung bereits abgelöst und die Mayener nahmen ihr Schicksal wieder selbst in die Hand.

Die zwischenzeitliche Evakuierung erfolgte Anfang Januar bei klirrender Kälte, Eis und Schnee, allerdings nicht vollständig und keineswegs einheitlich. Ein Teil der Mayener weigerte sich schlichtweg, die Stadtgrenzen, ja sogar die Schutzbunker zu verlassen.

Ein anderer Teil baute sich außerhalb der Stadtmauern auf dem Grubenfeld eine Art Zeltstadt. Und wieder andere verteilten sich auf die umliegenden Dörfer, wobei der Begriff „umliegend“ sehr großzügig interpretiert wurde und teilweise zwanzig und mehr Kilometer zurückgelegt werden mussten.

Noch bevor die Amerikaner am 8. März 1945 in die Stadt einmarschierten, hatten die Unentwegten mit dem Wiederaufbau der Stadt begonnen. Relativ schnell kamen auch die Evakuierten wieder zurück, sodass die eigentlich tote Stadt bereits im April wieder mehr als 6.000 Einwohner zählte.

Dennoch hat diese kurze Episode den Kontakt zwischen Land- und Stadtbevölkerung in besonderer Art und Weise geprägt. Zahlreiche Freundschaften wurde noch Jahrzehnte später durch häufige und wechselseitige Besuche gepflegt. (14)

Seit wann gibt es wieder einen Rosenmontagszug?

Ab dem 10. Juli 1945 wurde Mayen der französischen Besatzungszone zugeordnet. Damit hatten die Franzosen auch die öffentliche Ordnung aufrechtzuerhalten, und dazu gehörten natürlich öffentliche Versammlungen.

In der Mayener Bevölkerung entstand relativ schnell der Wunsch nach Ablenkung und Amüsement. Als dann mit dem Winter die fünfte Jahreszeit oder der Karneval näherkam, wollten sich die Mayener durch diese Tradition vom Alltag ablenken, und wie in der DNA verankert, den Rosenmontag angemessen feiern. Der Umzug wurde nicht genehmigt.

Stefan Ganser, bekennender Karnevalist und einziger Karnevalsprinz der Stadt, der aus eigenem Willen gleich zweimal dieses Narrenamt bekleiden durfte, hat den Widerstand und die Unerschrockenheit der Mayener gegenüber Autoritäten gerne und oft anhand der folgenden Anekdote beschrieben und sich auch gleichzeitig als lebenden Beweis für diese Geschichte präsentiert.

Im ersten Jahr blitzten die Mayener mit dem Wunsch nach einem Rosenmontagszug ab. Die Begründungen des Verantwortlichen seien sehr deutlich gewesen: „Die Deutschen haben das Recht auf Freude verwirkt“, „Auf den Gebeinen der gefallenen Soldaten möchten sie Freudenfeste feiern“ und ähnliche Ablehnungen seien formuliert worden. Im zweiten Jahr folgte die gleiche Leier und so war es auch 1947 nichts mit einem Umzug. Für das Jahr 1948 seien mit Stefan Ganser und Julius Scholles zwei bekannte Mayener im Büro der Kommandantur vorstellig geworden. Während sich die beiden die gleiche Litanei der Vorjahre anhören mussten, deutete Julis Scholles plötzlich auf das Kruzifix mit einer Jesusfigur, welches hinter dem französischen Verwalter an der Wand hing, und meinte: „Stefan, hast du auch gehört, was der Jesus da gerade gesagt hat?“ Damit war der Redeschwall des Gegenübers unterbrochen und dieser fragte nach: „Was soll denn der Jesus gesagt haben?“

Und dann muss im schönsten Mayener Platt folgender Satz gefallen sein: „Der Jesus hat jesoht, holl’ mir ahs den Nohl aus da Föhs, dat esch denn Idiot endlesch en de Aasch träde kann." („Zieht mir bitte den Nagel aus den Füßen, damit ich diesen Idioten endlich in den Hintern treten kann.") Zwar war damit auch der Rosenmontagszug 1948 erledigt, aber die Angelegenheit kam an höherer Stelle zur Sprache, und dadurch wurde 1949 der erste karnevalistische Straßenumzug durch die zerstörte Stadt erlaubt.

Mayen und der Kirchengehorsam

Die katholische Kirche ist selbstverständlich eine der stärksten Autoritäten in der Stadt, auch wenn es in der heutigen Zeit schon längst nicht mehr so streng zugeht wie beispielsweise noch in der Nachkriegszeit. Zeitzeugen können sich noch gut daran erinnern, dass sich die Kirche und ihre Repräsentanten speziell zu Wahlkampfzeiten nicht mit Meinungsäußerungen zurückhielten, die häufig schon mehr als nur Empfehlungen für die anstehende Stimmabgabe waren. Mitarbeiterinnen und Mitarbeiter wurden durch die Pfarrer eindringlich darauf hingewiesen, wohin sie ihr Kreuz zu machen hätten.

Selbst die sonntäglichen Predigten kamen nicht ohne sehr deutliche politische Botschaften aus. So hat sich nach Berichten von Zeitzeugen ein Mayener Pfarrer am Wahlsonntag dermaßen in die Thematik hineingesteigert, dass er am Ende ausrief, dass SPD-Parteimitglieder und -Wähler keine Katholiken sein könnten. Dies hatte an besagtem Wahlsonntag zur Folge, dass zahlreiche aufrechte Sozialdemokraten an dieser Stelle der Predigt das Gotteshaus verließen und damit für diese Zeit ein sehr deutliches und außergewöhnliches Zeichen der Auflehnung gegen die kirchliche Obrigkeit zum Ausdruck brachten.

Der wohl markanteste Kirchenkritiker der Stadt war der Überlieferung zufolge ein Bürger namens Mindermann, der

die Predigten am Sonntag mit besonderer Aufmerksamkeit verfolgte und eventuelle Unstimmigkeiten gerne zur Kritik an der Geistlichkeit nutzte.
Dieser Mindermann war wohl Zeuge einer Predigt, bei der der Priester über die Brotvermehrung sprach und dabei einige Zahlen durcheinanderwarf. Anstatt davon zu sprechen, dass Jesus mit fünf Broten und zwei Fischen tausende Menschen sättigen konnte, verkündete er von der Kanzel, der Herr habe fünf Menschen mit tausend Broten und tausend Fischen gespeist. Dies veranlasste besagten Mindermann zu der flapsigen Bemerkung: „Das ist doch kein Wunder, das hätte ich auch hinbekommen."

Diese „ungeheuerliche" Anmaßung wurde dem Oberhirten der Mayener Gemeinde natürlich fast in Echtzeit übermittelt und anscheinend hat der Ärger über diesen Fauxpas eine Woche lang gewaltig an ihm genagt. Jedenfalls sah sich der Priester genötigt, die Aussage öffentlich richtigzustellen. Er korrigierte sich dergestalt, dass er seine fehlerhafte Aussage zurücknahm und davon sprach, dass „der Herr selbstverständlich tausende Menschen mit fünf Broten und zwei Fischen" gespeist habe. Und um seinen Kritiker mundtot zu machen, schleuderte er wohl folgenden Satz wie einen Blitz in die Menge der Gläubigen: „Mindermann, das hättest du aber nicht hinbekommen."
Nach einer kurzen Zeit des Schweigens im weiten Kirchenschiff, in der sich der Gottesmann schon als moralischer Sieger wähnte, erhob sich der Bürger Mindermann und rief im Brustton der Überzeugung und mit einer gehörigen Portion Trotz lautstark in die Stille hinein: „Das hätte ich wohl gekonnt. Ich hätte einfach alle die Sachen dazu genommen, die von der letzten Woche noch übrig geblieben sind."

37. Verkehrschaos bei Kartenvorverkauf für BAP

In den achtziger Jahren des vergangenen Jahrhunderts erlebte Mayen noch einmal kurzzeitig eine Epoche als Konzertmekka der aufstrebenden deutschen Musikszene. In der noch relativ jungen Burghalle spielten sowohl die Kölsch-Rockband BAP als auch Herbert Grönemeyer im Rahmen seiner „Sprünge"-Tournee.

Die Resonanz war großartig. Beim BAP-Konzert der Tour „Vun drinne noh drusse" 82/83 war die Juso-Gruppe des SPD-Ortsvereins Mayen der Veranstalter. Die Geschäftsstelle lag in der Straße „Im Hombrich". Keine Hauptverkehrsader der Stadt, aber dummerweise eine Einbahnstraße, die innerstädtisch ein normales Verkehrsaufkommen hat. Der Kartenvorverkauf sollte an einem Wochentag um 17.00 Uhr beginnen, da die Mitglieder der politischen Nachwuchsorganisation entweder bereits berufstätig oder noch Schüler mit Nachmittagsunterricht am Gymnasium waren. Gegen 14.00 Uhr erreichte den Jusovorsitzenden Rolf Schäfer an seinem Arbeitsplatz ein Notruf der Polizei. Die Popularität der aufstrebenden Band hatte in der Region zwischenzeitlich ein solches Ausmaß erreicht, dass die Fans vor der Geschäftsstelle bereits Stellung bezogen hatten. Dies in einer solchen Anzahl, dass die gesamte Straße verstopft war. Autos hatten sich festgefahren und konnten auch nicht umkehren (Einbahnstraße!). Die Fans selbst dachten nicht daran, den Weg frei zu machen und damit die vermeintlich gute Ausgangsposition zum Kartenverkauf aufzugeben.
Auch die Polizei wurde dieser Entwicklung nicht mehr Herr und bat darum, mit dem Kartenvorverkauf sofort zu begin-

nen. Spontan fanden sich einige Helfer, die kurzfristig einspringen konnten. Bis diese sich dann durch die Menschenmassen nach vorne gekämpft hatten, verging auch noch Zeit, da der Hinweis „Bitte lassen Sie mich durch, ich gehöre zum Team der Kartenverkäufer“ von manchen Wartenden als plumper Trick eingestuft wurde, um sich nach vorne zu drängeln.
Als die Geschäftsstelle endlich geöffnet war, dauerte es keine Stunde, bis 1.000 Tickets ihren Besitzer gewechselt hatten und die Veranstalter „Ausverkauft“ melden konnten. Erst danach löste sich das Verkehrschaos allmählich wieder auf.

38. Bühne in Rekordzeit gezimmert

Freitag, 27. Oktober 1982, – Tag des BAP-Konzertes. Ein Tag, der mit einem gewaltigen Schrecken für die Crew der Band begann. Als die Roadies mit den ersten Boxen der Musikanlage in die Halle kamen, gab es nur ungläubige Blicke. Im hintersten Winkel der Burghalle befand sich eine rund zehn Quadratmeter große Bühne, sofern dieser Begriff in Anbetracht der Konstruktion überhaupt zulässig war. Vorne und hinten standen jeweils drei Holzböcke und darauf lagen Holzbohlen – sonst nichts.
Hätte man drei oder vier Boxen aufgestellt, wäre die Fläche belegt gewesen und kein Musiker hätte Platz gefunden. Selbst wenn man nur die Instrumente auf die Bühne gestellt hätte, dürfte der Platz knapp gewesen sein. In Windeseile wurde improvisiert und eine annehmbare Bühne gebaut. Mit Hilfe von Turngeräten, Kästen und allem was in der Burghalle, die eigentlich eine Sporthalle ist, an brauchbarem Material zur Verfügung stand. Das Konzert konnte zwar

pünktlich beginnen, aber der Aufbau verlangte dem Team von BAP und den freiwilligen Helfern wirklich alles ab.

Zumindest aber schaffte es Mayen in das Tourbuch der Band „BAP över BAP". Auf Seite 40/41 heißt es dort: „Das Härteste aber ist die Bühne. Sowas hat noch keiner von uns gesehen." Dazu zwei Fotos aus der Burghalle und ein Kommentar von Frontmann Wolfgang Niedecken, der sich darüber echauffiert, dass die Verantwortlichen der Stadt nur 1.000 Zuschauer für das Konzert zugelassen haben. Obwohl nach Niedeckens Einschätzung locker die doppelte Anzahl hineingepasst hätte. (16)

39. Stehwejer Kirmes

Um die Jahrhundertwende zum 20. Jahrhundert konnte man die heutige Nebenstraße „In der Stehbach" getrost als Mayener Party- und Vergnügungszentrum bezeichnen. In den besten Zeiten soll diese Straße rund vierzig Gaststätten beheimatet haben, was den trink- und feierfreudigen Mayenern natürlich sehr entgegenkam.
In dieser Zeit ist in dieser Straße auch eine Straßenkirmes entstanden, bei der die Feierkultur und das nachbarschaftliche Miteinander zum Tragen kamen. Die Hoftore in der Straße wurden geöffnet und die Höfe kurzerhand zur weiteren gastronomischen Nutzung mit Sitzgruppen bestückt.
Nach dem Krieg wurde diese Tradition fortgeführt und die „Stehwejer Kirmes" (mundartliche Straßenbezeichnung Stehwech wird dann zu Stehwejer Kirmes) bot Kirmesbuden, kleine Karussells und natürlich die Feierlichkeiten in den Höfen. Anfang der 1970er-Jahre wurde diese Tradition

einhergehend mit dem einsetzenden Kneipensterben eingestellt.
Die Idee, diese Straßenkirmes wieder aufleben zu lassen, scheiterte vor ein paar Jahren daran, dass die Anwohner ihre Hofeinfahrten und Garagen nicht mehr öffnen wollten, da sie Verschmutzungen durch Wildpinkler und Kirmesbesucher befürchteten. Ebenso wurde die traditionelle Schützenkirmes in Mayen eingestellt, und auch die Ortsteile müssen sich gewaltig strecken, um den Brauch der Kirmes aufrechtzuerhalten. Einzig das Volksfest Lukasmarkt vermeldet quasi alljährlich Rekordzahlen.

40. Mayen, Stadt der Märkte

„Mayenzeit ist Marktzeit", so wirbt die Stadt Mayen beispielsweise in ihrem Internetauftritt. Und in der Tat ist der legendäre Lukasmarkt nicht der einzige Termin, bei dem die Mayener auch heute noch ihr städtisches Marktrecht ausüben und mit Leben füllen.
Neben dem klassischen Wochenmarkt, der dienstags, donnerstags und samstags seinen festen Platz in der Innenstadt hat gibt es noch die klassischen Krammärkte:
Halbfastmarkt
Laurentiusmarkt
Lukasmarkt
Nikolausmarkt

Hinzu kommen:
Pferdemarkt und Viehmarkt
Schafmarkt
Autoschau

Pfingstmarkt mit Trödelmarkt
Holländischer Stoff- und Tuchmarkt
Historischer Handwerker- und Bauernmarkt
Adventsmarkt
Weihnachtsmarkt

41. Ablasshandel als Standortfaktor

Ausgesprochen wurde das Marktrecht wie üblich endgültig mit der Vergabe der Stadtrechte, aber dies war eher eine Anpassung der Theorie an die Praxis denn ein Startschuss für das Markttreiben.
Seinen Anfang fand die Entwicklung durch eine Verlegung des Augustinerklosters von Lonnig nach Mayen. Dies hatte zwei Gründe. Die Augustiner waren in der ländlichen Gegend des Maifelds schutzlos Angriffen und Plünderungen ausgesetzt, und dem sich zur Stadt entwickelnden Mayen fehlte schlicht und ergreifend ein Kloster, was zur städtischen Infrastruktur einfach dazugehörte.
Die mächtige St. Clemenskirche im Zentrum bezeugte weit sichtbar den beginnenden Aufschwung Mayens.

Etablieren konnten sich in den Anfangszeiten drei Jahrmärkte, die sich an den Marienfeiertagen orientierten. 1405 wurden diese Jahrmärkte verlegt, und hieraus entstand u. a. der Termin für den Lukasmarkt, der im Oktober das Marktgeschehen im Jahreszyklus beschließen sollte. Die weiteren Markttermine waren der Halbfastenmarkt der sich, wie der Name schon sagt, zeitlich an der Fastenzeit orientiert und der Laurentiusmarkt. Alle drei historischen Märkte existieren heute noch *(siehe 40.)*. Diese Terminverlegungen wären nach heutigen Gesichtspunkten ein wahrer Geniestreich, für den sich jede Marketingabteilung feiern ließe.

Die Neugestaltung der Märkte erfolgte „wegen Unredlichkeiten", die sich zugetragen hatten. Um die Märkte zu fördern, wurden die Mayener Jahrmärkte mit dem bekannten Ablasshandel gekoppelt. So konnte man in Mayen also Geschäfte abschließen und sich gleichzeitig den Platz im Himmel erkaufen oder zumindest durch eine Ablasszahlung sein Sündenregister verkleinern. Marketingstrategen würden also von einer „Win-Win"-Situation sprechen, und Mayen hatte dadurch einen echten Standortvorteil.

42. Lukasmarkt in Mayen

Durch die Verlegung der Jahrmärkte im Jahre 1405 markierte der Lukasmarkt den Schlusspunkt im alljährlichen Marktgeschehen. Durch die Anbindung an den Namenstag des heiligen Lukas (18. Oktober) findet dieses größte Volksfest des nördlichen Rheinland-Pfalz immer Mitte Oktober statt. Auch diese Terminierung war marketingtechnisch gesehen eine frühzeitliche Meisterleistung. Mitte Oktober bot den unschätzbaren Vorteil, dass die Bauern aus den umliegenden Dörfern die Ernte hinter sich und damit Zeit und, wenn es gut gelaufen war, auch Geld zur Verfügung hatten, um dem Markt zu frönen oder Geschäfte zu tätigen. Umgekehrt konnten die Bauern auch ihre Produkte auf dem Markt absetzen.

Heute geht der Lukasmarkt über neun Tage und hat sich zu einem wahren Publikumsmagneten entwickelt. Zwischen 250.000 und 300.000 Besucher erwartet die Stadt Mayen jährlich. Den besonderen Reiz des Volksfestes macht definitiv die zentrale Lage in der Innenstadt aus. Die Fahrgeschäfte und Buden sind in eine Kulisse historischer Bauwerke platziert. Und sogar die Hauptverkehrsader wird für diese Zeit lahmgelegt und der Autoverkehr umgeleitet.

Durch diese spezielle Gestaltung sind natürlich auch Grenzen gesetzt, was mögliche Fahrgeschäfte angeht. Eine Genovevaburg lässt sich nun mal nicht verrücken.

Der Marktausschuss der Stadt Mayen entscheidet am Ende über die Vergabe der begehrten Schaustellerplätze. Diese sind so begehrt, dass Schausteller auch schon versucht haben, auf dem Klageweg einen Platz zu ergattern.

43. Mayener wünschen den Andernacher Nachbarn einmal im Jahr schlechtes Wetter

Scherzhaft gesagt werden etwa vier Wochen vor dem Lukasmarkt die ersten Gebete von Mayen aus gen Himmel geschickt, um der Nachbarstadt Andernach schlechtes Wetter zu wünschen. Begründet wird dies mit einer alten Bauernregel: „Wenn an Michelsmarkt schlechtes Wetter ist, dann ist es Lukasmarkt schön." Diese Erkenntnis reichen die Mayener seit Generationen weiter, und daher blicken die Mayener immer gespannt auf den Andernacher Michelsmarkt, der Ende September stattfindet.

Ob diese Weisheit tatsächlich zutrifft, ist nicht belegt. Aber der Lukasmarkt selbst lässt sich von der Witterung her in kein Schema pressen. Von T-Shirt-Wetter bis zum Schneefall – das alles ist in der Woche um Lukasmarkt herum möglich und schon da gewesen.

44. Boxbude zerlegt

Zu den Attraktionen des Lukasmarktes gehörten in den 1950er- und -60er-Jahren unbestritten die Boxbuden, in denen die Menschen einen Geldpreis gewinnen konnten, wenn sie einen der Boxer in drei Runden besiegen würden. Natürlich fühlten sich viele der kräftigen Steinmetze dadurch herausgefordert. Tatsächlich gewann hier und da einer der lokalen Akteure, wobei zumeist unklar blieb, ob einer der unbestritten kräftigen Steinmetze wirklich einen „lucky punch" landen konnte oder ob die Niederlage einfach nur eine geschickte Geschäftsstrategie war.
Meistens waren nämlich die abgehalfterten Boxer den Gegnern technisch so überlegen, dass sie den drohenden Schlägen ausweichen und gegen die unerfahrenen Amateure auch ihre Treffer landen konnten.

An einem Abend konnte die Menge einen bekannten und wirklich sehr kräftigen Mayener, der vorher dem Alkohol schon entsprechend zugesprochen hatte, überreden, die Herausforderung anzunehmen. In Windeseile waren die Zuschauerplätze ausverkauft, und die Kapazität des Zeltes reichte nicht aus, die interessierten Mayener zu beherbergen.
Nachdem der Boxer zu Beginn mit ein, zwei Schlägen schon mal die Verhältnisse geklärt hatte, bekam dieser Kampf eine unvorhergesehene Wendung. Beim dritten Treffer blutete unser Mayener Sportsfreund plötzlich aus der Nase. Er warnte den Boxer mit einem kurzen Satz davor,

noch einmal auf die Nase zu zielen. Angefeuert von den Zuschauermassen und beseelt von der Aufforderung, sich nichts gefallen zu lassen, stürmte der Freizeitboxer unorthodox vor und konnte so natürlich keinen Treffer landen. Wahrscheinlich wären die angesetzten drei Runden ereignislos verstrichen, wenn der Profi nicht noch einmal die lädierte Nase getroffen hätte.

Unter dem Jubel des Publikums riss sich der Mayener Recke die Handschuhe von den Händen und attackierte den Boxer in ungezügelter Wut mit Schlägen und Tritten, sodass dieser sich nicht mehr wehren konnte. Als dann die restlichen „Budenkerle" die Streithähne trennen und dabei den Lokalmatador fixieren wollten, brachen alle Dämme. „Die alle gegen einen von uns", das war das, was das Mayener Publikum sah, und eine solche Ungerechtigkeit konnte nicht unbeantwortet bleiben. Folglich stürmten die Mayener die Bühne und lieferten sich eine Prügelei, bei der auch das Bühneninventar zu Schaden kam.

Die Keilerei wurde irgendwann aufgelöst und damit endete ein denkwürdiger Tag in der Geschichte des Lukasmarktes. Am nächsten Tag gab es bei den Marktbeschickern eine Lücke – die Boxbude war verschwunden. Noch in der Nacht hatten die Schausteller abgebaut und Mayen verlassen. Nach den Überlieferungen sollten viele Jahre vergehen, ehe noch einmal eine Boxbude in Mayen gastierte.

45. Mayener Reitschule und Proteste

Die historischen Wurzeln des Volksfestes Lukasmarkt spiegelten sich in der Mitte des letzten Jahrhunderts noch in der Begrüßungsformel wider, die während der Festwoche gang und gäbe war, sich heute jedoch immer mehr verliert: „Woart ihr schunn off da Räischull?“ („Seid ihr bereits auf der Reitschule gewesen?“). So die häufigste Gesprächseröffnung, wenn sich Mayener auf dem Festgelände trafen. Damit ist natürlich heute der Besuch eines der modernen Fahrgeschäfte gemeint, die Frage zielt aber wohl in die ursprüngliche Geschichte des Lukasmarktes und dessen Entwicklung.

Traditionell war der Lukasmarkt ein Markt, bei dem der Tierhandel blühte, und in der Anfangszeit der Fahrgeschäfte waren diese zumeist von Pferden angetrieben und das klassische Ponyreiten hat sich bis heute im Angebot der Marktbeschicker gehalten.
Dagegen regte sich in den letzten Jahren vermehrt Protest, und es kam dabei auch immer wieder zu Demonstrationen gegen diese Jahrmarktattraktion, bei der Kinder ihre Runden auf dem Rücken von Ponys drehen können, was wohl am ehesten dem Bild der „Räitschull“ entspricht.
Immer wieder protestieren Tierschützer gegen diese Art der Volksbelustigung, die nach Einschätzung der Aktivisten nicht der artgerechten Tierhaltung entspricht. Die jährlichen Untersuchungen durch das Kreisveterinäramt haben keine Beanstandung am Zustand der Tiere ergeben.

Im Jahr 2017 fanden die Proteste in unmittelbarer Nähe des Jahrmarktes statt, was anschließend den Stadtrat auf den Plan rief. Die Verwaltung sollte Richtlinien erarbeiten, um mögliche Werbe- und Protestaktionen im Umfeld des Lukasmarkts zu regeln und eine gewisse räumliche Distanz zwischen Fahrgeschäft und Protestaktion zu schaffen. Dieser Plan wurde aus rechtlichen Gründen nicht umgesetzt.

46. Pferdemarkt ohne Pferdehandel

Bereits früh blühte in Mayen der Tierhandel *(siehe 8.)*. Beim alljährlichen Lukasmarkt steht der Dienstag im Zeichen der Pferde. Auf dem neuen Viehmarktplatz findet ein Pferdemarkt statt. Natürlich hat sich auch im Laufe der Zeit vieles verändert. Stand früher der tatsächliche Tierhandel im Mittelpunkt, lockt dieser Pferdemarkt heute mit einem bunten Showprogramm rund um den Pferdesport. Diese Umstellung im Konzept war ursprünglich gedacht, um das schwindende Interesse am Pferdemarkt zu kompensieren. Der Erfolg war so durchschlagend, dass für diese Veranstaltung mittlerweile Eintritt gezahlt werden muss.
2017 gab es einen gravierenden Einschnitt in die Konzeption. Der ursprüngliche Pferdehandel wurde auf Wunsch des langjährigen Ausrichters untersagt. Als Begründung wurde die Ansteckungsgefahr genannt, die von den Tieren ausgehen könne, die von Markt zu Markt reisen. Nachdem der Markt damit seinen ursprünglichen Wurzeln beraubt wurde, gab es im Anschluss an den Lukasmarkt erheblichen Protest, der auch Erfolg brachte. Seit 2018 wird wieder mit Pferden gehandelt. Als Kompromiss wurden die gesundheitlichen Aspekte durch Vorsorgeuntersuchungen und getrennte Boxen für die Verkaufspferde verstärkt berücksichtigt.

47. Einziger Schafmarkt in Rheinland-Pfalz

Der Lukasmarktmittwoch gehört dann den Schafhändlern, die sich zum einzigen Markt dieser Art in Rheinland-Pfalz treffen. Dieser Markt hat noch viel von seinem ursprünglichen Charme bewahrt und hier werden Kaufverträge tatsächlich noch nach alter Väter Sitte per Handschlag besiegelt.

48. Mayen war Hitparadenstadt 2018

Der Radiosender SWR präsentiert einmal im Jahr die Hitparade der SWR1-Hörer, und das seit einigen Jahren vor Ort mit einem gläsernen Studio. Nachdem die großen Städte des ländlich strukturierten Bundeslandes Rheinland-Pfalz bereits Austragungsort waren, wurde 2018 Mayen als erste kleinere Stadt ausgewählt. Vier Tage lang sendete der SWR rund um die Uhr die 1.000 größten Hits, die die Hörer gewählt hatten. Die Hörer konnten das gläserne Studio besuchen und den Moderatoren über die Schulter blicken. Der Mayener Marktplatz war bestens besucht und es bildeten sich Warteschlangen vor dem Studio, sodass mancher fast eine Stunde ausharren musste, ehe der Weg ins Studio frei war.
Dabei gab es gleichzeitig eine weitere Premiere, die auf ein Dilemma der Stadt hinweist. Die abschließende Hitparadenparty mit rund 1.000 Gästen konnte nicht in Mayen stattfinden, da die geeignete Location fehlt. So musste man nach Hambuch im Kreis Cochem-Zell ausweichen. Die Radiomoderation „Hambuch bei Mayen“ sorgte in der Region für viel Erheiterung. Das Feedback insgesamt war allerdings großartig – die Radiomacher hatten sich in die Stadt und die Menschen ein wenig verliebt und Moderator Frank Jenschar wünschte sich gar, „Mayener zu werden“.

Eine liebe Gewohnheit der Radiomacher ist es, in der Gastgeberstadt durch einen musikalischen Flashmob für die bevorstehende Hitparade zu werben.

Im Rahmen der Mayener Burgfestspiele nahm eine Vorstellung des Stücks „Im weißen Rössl“ einen ungewöhnlichen Verlauf. Plötzlich wurde ein Keyboard auf der Bühne aufgebaut, und aus dem Publikum erhoben sich immer mehr Aktive des Pop- und Gospelchors aus Klein-Winternheim. Sie intonierten die Coverversion des Kultliedes „Sound of Silence“, welches die Gruppe „Disturbed“ an die Spitze der Charts katapultiert hatte.
Gänsehaut pur folgte auf die anfängliche Verblüffung. Anschließend tosender Applaus im Publikum, und die Vorstellung lief im gewohnten Rahmen weiter. Bereits eine Woche später hatte das Video zum Flashmob bereits das Internet gestürmt. Endgültig steil ging das Video dann, als sich die Gruppe „Disturbed“ selbst via Facebook zu Wort meldete und den Film teilte. Seitdem haben mehr als sieben Millionen Menschen diesen Film über youtube angeklickt. Ob in der realen oder virtuellen Welt – Mayen hat nichts von seiner Anziehungskraft verloren.

49. Medienstadt Mayen mit eigenem Lokalsender MYK TV

Als Medienstadt machte sich Mayen bereits früh einen Namen. 1988 ging hier der erste private regionale Fernsehsender von Rheinland-Pfalz an den Start. Fred Schwanewede zählte damit auch bundesweit zu den Pionieren der sich verändernden Medienwelt.

Lokale Geschichten, Sportereignisse, Jubiläen, Polizeibericht – täglich berichtete MYK TV vom Leben in und um Mayen. Ab 16.00 Uhr begann ein Programm, welches sich

im Laufe des Tages mehrfach wiederholte. Rund 30 Minuten dauerte die durchschnittliche Sendung.
Schwanewede gelang es dabei, seine Leidenschaft auf junge, an Medien interessierte Menschen zu übertragen. Die Ausbildung war eine Rundumschulung, denn von Recherche über die Liveinterviews vor Ort bis zum Schnitt wurde alles mit der hochmotivierten Mannschaft bewältigt. Kein Wunder, dass zahlreiche MYK TV Mitarbeiterinnen und Mitarbeiter später bei renommierten Fernsehsendern die nächsten Karriereschritte machten.
Unvergessen eine Rundfrage zum 1. April, als das Reporterteam die Mayener Bevölkerung mit der angeblichen Entscheidung des Stadtrates konfrontierte, in Mayen ein U-Bahnnetz zu gestalten. Selten hat ein Aprilscherz zu solch emotionalen Diskussionen geführt wie bei dieser Straßenbefragung.

Finanziert wurde das regionale Programm über Werbeeinnahmen aus der lokalen Wirtschaft. Bis auf eine einjährige Fusion mit den Regionalsendern Kanal 10 und wwtv (2001) sendete MYK-TV bis Ende 2006 selbstständig. 2011 erlebte MYK TV noch einmal eine Renaissance als Internetfernsehen, welches sich vorwiegend Sportereignissen widmete. In dieser Zeit gab es sogar Livesendungen von MYK-TV.

50. Stadt ohne echte Veranstaltungshalle

Früher war alles besser. Zumindest, was die kulturellen Möglichkeiten angeht, stimmt dies sogar. Aktuell verfügt die Stadt Mayen bei mehr als 20.000 Einwohnern über keine adäquate Stadt- bzw. Veranstaltungshalle. Im Stadtteil Hausen befindet sich ein relativ neues Bürgerhaus, welches mit einer Kapazität von rund 300 Besuchern auf den Stadtteil ausgerichtet ist. Außerdem gibt es auch noch genügend Kernstädter, die eine solche Halle nur dann als Mayener Halle akzeptieren, wenn sie innerhalb der Kernstadt steht. Dort gibt es die Halle 129, die ursprünglich als Eventhalle eher für repräsentative, private Feiern konzipiert war und nun des Öfteren zur Veranstaltungshalle, beispielsweise für den Karneval, umfunktioniert wird. Es gibt die Sporthalle der Hauptschule Hinter Burg, die ebenfalls schon genutzt wurde. Dummerweise bedeutet dies für den jeweiligen Veranstalter einen immensen Aufwand, der bei dem Bühnenaufbau beginnt und bei der Bereitstellung zusätzlicher sanitärer Anlagen endet. In jedem Fall ein Provisorium.

Bis Ende der 1970er-Jahre gab es in Mayen mit dem legendären „Sterngarten“ und in den 2000er-Jahren mit den zur Eventhalle umgebauten ehemaligen Lokhallen Lösungen, die weit über die Stadtgrenzen bekannt waren und rund 500 Gästen in einem entsprechenden Ambiente Platz boten.

51. Der legendäre Sterngarten

Dass die Menschen um Mayen nicht ausgestorben sind, verdanken sie zumindest teilweise dem Hotel und Tanzlokal „Sterngarten“. Wenn man den Geschichten aus der Vergangenheit Glauben schenken darf, wurden dort mehr als 90 Prozent aller Ehen angebahnt. Wenn sonntags nachmittags der Tanztee ausgerichtet wurde, trafen sich dort die Teenager der Region (damals wurden diese noch Backfische

genannt) zu ersten Tanzversuchen und erster Kontaktaufnahme zum anderen Geschlecht.
Der große Saal des „Sterngartens“ war die gute Stube der Stadt Mayen und auf der dortigen Bühne waren sie alle: Von Willy Millowitsch über Howard Carpendale, die Lords, Mario Adorf, Helmut Kohl, Willy Brandt, Helmut Schmidt, sie alle waren dort gewesen, und auch die Nacht der „langen Messer“, als Mayen im Zuge der Gebietsreform den Status einer Kreisstadt verlor, wurde dort ausgetragen.
Der Wirt Willi Colmie, ein echtes Mayener Original, welches nur „de Plöt“ (die Glatze) genannt wurde, trat dort sogar einmal zu einem Schaukampf gegen den bekannten Boxer Peter Müller (de Aap) an.
Der „runde Tisch“, der die Gaststätte prägte, war ein Ort, bei dem Neulinge im Kartenspiel gegen die Platzhirsche nie eine echte Chance hatten zu gewinnen, und gleichzeitig der Ort, an dem sich zahlreiche Episoden ereigneten und Schelmenstücke ausgeheckt wurden.
Als der „Sterngarten“ 1979 schloss, verlor Mayen sein kulturelles Epizentrum und ein starkes Stück Stadtgeschichte. 1.000.000,– DM hätten seiner Zeit wohl gereicht, um die Veranstaltungsstätte zu renovieren und an die neuen Bestimmungen anzupassen. Leider fand sich niemand, der dieses Projekt anging. Folglich bleiben den Mayener nur die sehnsuchtsvollen Erinnerungen an den „Sterngarten“.

51 a. Mayener halten ihr Wort

Wettschulden sind Ehrenschulden, aber wichtig ist dabei immer, wie der Wetteinsatz definiert ist. Willi Colmie jedenfalls hatte bei einer langen Stammtischrunde gewettet und eine Runde Rippchen ausgelobt, falls er die Wette ver-

lieren sollte. Und tatsächlich kam es genau so – Colmie verlor und alle freuten sich auf Rippchen aus der bekannt guten Küche des Hauses.
Willi Colmie gestand die Niederlage ein und erklärte, dass es eine Ehrensache sei, die Spielschulden in angemessener Runde zu begleichen. Am nächsten Wochenende war die Tafel für die Sieger fein eingedeckt. Weiße Tischdecken, das gute Geschirr und auch Kerzenständer auf dem Tisch, die das Gesamtbild abrundeten.
Das Essen wurde verdeckt serviert und den Siegern der Wette lief bereits das Wasser im Munde zusammen. Als die Deckel von den Tellern gehoben wurden, gab es lange Gesichter, denn mitten auf dem Teller lag jeweils eine einzelne Rippe Schokolade. „Wir haben um ein Rippchen für jeden gewettet und ich löse meine Wettschulden natürlich ein", so der Kommentar von Willi Colmie, der damit die Lacher auf seiner Seite hatte.

51 b. Rettung in höchster Not

Natürlich war der „Sterngarten" auch Hochburg des närrischen Treibens, und der Mayener Hang zu Spöttelei hatte in den Besatzungszeiten nach dem Krieg Hochkonjunktur. Die französischen Besatzer nahmen an den Karnevalssitzungen selbst gerne teil und waren immer Zielscheibe des Spotts. Da man ihnen jedoch andere Übersetzungen der Texte geliefert hatte, merkten sie nicht, dass sie selbst gewaltig durch den Kakao gezogen wurden.
Die Mayener amüsierten sich gleich doppelt: Einmal über die Rede an sich und dann über die Tatsache, dass die Besatzungskräfte über die heftige Schelte an ihnen noch herzlich lachten und die Künstler beklatschten. Dummerweise

gab es in einem Jahr einen anonymen Tippgeber, der die Verantwortlichen auf die wirklichen Geschehnisse hinwies. Mit eigenem Dolmetscher verfolgten sie in diesem Jahr die Spottreden und rasch regte sich der Unmut. Die Verantwortlichen bemerkten die Entwicklung schnell, nur der Büttenredner auf der Bühne war nicht informiert und zog sein Programm gnadenlos durch. Noch bevor die Militärkräfte reagieren konnten, hatte Willi Colmie die Situation erkannt, sich in einer Polizeiuniform bis zur Unkenntlichkeit verkleidet und die Bühne gestürmt. In scheinbarer Entrüstung verhaftete er den Mayener Karnevalisten und sorgte so für Beruhigung bei den Besatzungskräften, die die Kritiker hinter Gitter wähnten. Die folgenden Künstler änderten ihre Programme ab und der Friede war gesichert.

51 c. Die Folgen fehlender Platzreservierung

Clevere Geschäftsleute gab es in Mayen schon immer. Im „Sterngarten" gab es daher zu manchen Karnevalssitzungen keine Platzreservierungen. Besonders die Tickets zu den Sitzungen des Männergesangvereins Concordia waren heiß begehrt. Morgens um 10.00 Uhr öffnete der „Sterngarten" seine Pforten, und dann galt es, Plätze für den Abend zu reservieren. Nicht wie heute am Pool mit einem Handtuch, sondern durch körperliche Präsenz.

Die Veranstaltung begann traditionell um 20.11 Uhr. Folglich galt es zehn Stunden zu überbrücken. Es gab Kartenrunden an den Tischen, die Kinder wurden mitgenommen, um die erforderliche Platzzahl in Beschlag zu nehmen, und in manchen Familien wurden Schichtpläne erarbeitet, um die Plätze zu bewachen. Mehr als einmal erlebten die Platzhalter die eigentliche Sitzung gar nicht, weil sie im Laufe des Tages zu sehr dem Alkohol zugesprochen hatten und um 20.11 Uhr bereits zuhause ihren Rausch ausschlafen mussten.

51 d. Die Lords in Mayen – Mobiliar geht zu Bruch

Der 27. Februar 1967 war musikalisch gesehen wohl ein Höhepunkt in der Geschichte der Stadt Mayen und der Veranstaltungsstätte „Sterngarten“. Die Lords, seinerzeit als die deutschen Beatles vermarktet, gastierten im Mayener „Sterngarten“. Im total überfüllten Saal der guten Stube der Stadt standen die Zuschauer sogar auf der Bühne. Das begeisterte Publikum stand auf Stühlen und Tischen (die man dummerweise nicht weggeräumt hatte), um einen Blick auf die bekannten Musiker zu erhaschen. Da natürlich auch entsprechend abgetanzt wurde, ging zahlreiches Mobiliar zu Bruch. Im Jahr danach fuhr sogar ein Motivwagen im Rosenmontagszug mit, der an das legendäre Konzert und die damit verbundene „Materialschlacht“ anknüpfte.

51 e. Das Ende des Sterngartens – die ewige Suche nach dem Ersatz

1979 wurde der legendäre „Sterngarten“ abgerissen, nachdem das Ehepaar Colmie keinen Nachfolger hatte finden können. Mit einer denkwürdigen Party feierten die Mayener Abschied, ohne zu ahnen, wie sehr dieser Abschied das kulturelle Leben verändern würde. Ausweichlokalitäten wie die Säle im Hotel „Alter Fritz“ und dem Soldatenheim „Haus im Möhren“ boten für die Veranstalter kultureller Großereignisse zwar Ausweichmöglichkeiten, aber hier fehlte vielen Mayenern das „Flair“ und der „Geist“ des „Sterngartens“. Hinzu kamen eine geringere Kapazität und teilweise auch Diskussionen mit Anwohnern in Sachen Lärmbelästigung. Über allem schwebte die Vision einer städtischen Eventhalle. Das Angebot, den „Sterngarten“ für eine damals kolportierte Summe von 1.000.000,– DM auf den neuesten Stand zu bringen, hatte der Stadtrat verstreichen lassen. Es folgten Jahre der Planungen, in denen Standorte diskutiert und wieder verworfen wurden.

Die steigende Verschuldung der Stadt ließ den Neubau immer unwahrscheinlicher werden. Zwischenzeitlich hatte ein privater Investor die ehemaligen Lokhallen am Ostbahnhof zu einer Veranstaltungshalle umgebaut, die die lokalen Veranstaltungsplaner gerne nutzten. Allerdings musste zu jeder Veranstaltung ein kompletter Bühnenaufbau inklusive Ton- und Lichttechnik erfolgen. Auch die Bestuhlung erfolgte durch den Veranstalter. Gleichzeitig wurden die vorhandenen Säle immer weniger genutzt. Das „Haus im Möhren“ ist mittlerweile abgerissen, der Saal im „Alten Fritz“ wird für Großveranstaltungen nicht mehr genutzt. Als dann auch der Betreiber der Lokhallen sein Engagement verändern wollte, nutzte die Stadt Mayen die Gelegenheit des Ankaufes nicht, sodass sich dort heute ein großes Speiselokal befindet. Dies hat zu Folge, dass der Stadt Mayen nach wie vor keine entsprechende Halle für Großveranstaltungen zur Verfügung steht. Neben kleinen Lösungen steht seit 2018 ein Zeltbau als Alternative bereit.

52. Mayen ruft Mayoh

Der Karneval spielt in Mayen eine zentrale Rolle. Bereits im „Lied vom Mayener Jung“ wird in der in Vergessenheit geratenen dritten Strophe erwähnt, dass der Mayener gerne den

Jecken hinterherläuft. Auch hier haben die Mayener wieder ihre Individualität und Unangepasstheit zum Programm gemacht. „Mayoh“ so lautet der Schlachtruf der Mayener Faasenaacht, was in der Langversion „Mayen hoch“ bedeutet. Paul Geiermann, seines Zeichens Journalist, Buchhändler und Heimatdichter, kreierte diese auf ein Wort verdichtete Liebeserklärung an seine Heimatstadt im Jahre 1937. Im Jahre 1973 ergänzte der damalige Vorsitzende der Mayener Prinzengarde Uwe Brammer den Schlachtruf durch das Voranstellen des Städtenamens. Seitdem heißt es in Mayen in der fünften Jahreszeit „Maye Mayoh“. (17) Lediglich im Stadtteil Hausen rufen die Narren nach wie vor „Hausen Helau“.

53. Mayener Märchenhort

Die Steinmetzkunst war in Mayen hoch angesiedelt. Deshalb entstand in den 1930er-Jahren der Plan, einen Kinderspielplatz mit Kunstelementen zu verbinden. Damit setzte die Stadt Mayen als eine von wenigen deutschen Städten zumindest teilweise den „Goldenen Plan“ von 1920 um, in dem gefordert wurde, für jeden Bürger in Deutschland mindestens drei Quadratmeter Spielraum zur Verfügung zu stellen. (4) Der Auftrag ging an den Leiter der Steinmetzfachschule Carl Burger, der den heimatlichen Stein entsprechend nutzen sollte. Dabei arbeitete Burger nicht nur selbst, sondern er band auch die Schüler der Steinmetzfachschule entsprechend ein. So wurde 1933 der Märchenhort im St.-Veit-Park eröffnet. Dort standen also die Märchengestalten aus den Erzählungen der Gebrüder Grimm, mal als Einzelfigur, mal als Relief oder auch, wie beim tapferen Schneiderlein, als Säule, auf der das komplette Märchen nacherzählt wurde.

Einziger inhaltlicher Ausreißer war das Wasserwesen Nickelmann aus der Erzählung von Gerhardt Hauptmann. Dieses Bildnis ließ Generationen von Mayener Kindern erschrecken, wohl auch, weil der Nickelmann in der Erzählung die Menschen mitunter quält. Dieses Bildnis aus Beton (auch ein kleiner Stilbruch) beeindruckte den Ministerpräsidenten von Rheinland-Pfalz und späteren Bundeskanzler Helmut Kohl so sehr, dass er es verschenken wollte. So fertigte ein Restaurator aus Ludwigshafen eine entsprechende Kopie.

Ende der 1960er-Jahre wurde die Anlage auseinandergerissen, und der ursprüngliche Märchenhort wich, der Modernisierung folgend, einem Parkplatz. Zahlreiche Figuren wurden im städtischen Bauhof eingelagert und mit der Zeit vergessen.
2000 wurden die Figuren aufwändig und originalgetreu restauriert und stehen nun im Hof des Alten Arresthauses, wo sie bei Stadtführungen oder kulturellen Veranstaltungen zu besichtigen sind. Einzelne Exponate – wie beispielsweise die sieben Schwaben – finden sich im Stadtbild verteilt. Dies lässt sich sogar historisch begründen, denn diese Figuren gehörten nicht zum ursprünglichen Märchenhort. Vielmehr dienten die acht Exponate (sieben Schwaben und der verängstigte Hase) als Zier der Mauerpfeiler des benachbarten Kindergartens St. Veit.

Heute stehen die sieben Schwaben in der Nähe der anderen Figuren vor der Tür des Kindergartens St. Clemens. So gesehen wurde die historische Distanz zum Märchenhort gewahrt und auch der Bezug zum Kindergarten erhalten.
Der schonende Umgang mit vorhandenen Ressourcen zeigt sich am Bild des Froschkönigs, welches sich neben dem Eingang zum Hof des Alten Arresthauses befindet. Was im

unteren Drittel des Kunstwerkes auf den ersten Blick wie ein beliebiges Ziermuster wirkt, erweist sich bei genauerer Betrachtung als auf dem Kopf stehende stolze Schiffe. Hier wurde (wahrscheinlich) vorhandenes Material aus einem anderen Werk recycelt.

54. Olympiamedaille mit Hindernissen

In der Bachstraße 34 in Mayen steht das Elternhaus der Gebrüder Steines. Sie waren überragende Leichtathleten in den 1950er-Jahren. Günther und Bert Steines sicherten sich neben zahlreichen Deutschen Meisterschaften auch jeweils einen Titel als Studentenweltmeister.
Eine besondere Kuriosität ist mit dem Gewinn der Bronzemedaille in der 4x400 Meter Staffel bei den Olympischen Spielen 1952 in Helsinki verbunden. Der als Startläufer vorgesehene Günther Steines bemerkte beim Auskleiden im Stadion, dass er keine Sporthose unter der Trainingshose trug. Kurzfristig wurde die Startformation verändert und Ersatzkleidung für Steines besorgt. Dies ging so schnell, dass Günther Steines bereits als zweiter Läufer antreten konnte. Mit handgestoppten 3:06,6 blieb das deutsche Quartett unter der bisherigen Weltrekordzeit und musste sich nur Jamaika und den USA geschlagen geben. Aber natürlich bedeutete diese Zeit gleichzeitig eine neue europäische Bestleistung. (18)

55. Kreuz über Mayen

Auf dem Knüppchen in Mayen ragt ein großes Kreuz in den Himmel und ist von der Stadt aus gut zu sehen. Dieses Sym-

bol des christlichen Glaubens wurde um 1949 errichtet. Es ist also nicht, wie oft in alten Städten zu finden, ein Glaubensbekenntnis aus den Zeiten der Pestilenz oder anderer Seuchen, sondern eines neuerer Zeit. Männer der Katholischen Jugend errichteten das Kreuz seinerzeit, um den Mayenern zu gedenken, die sich in russischer Kriegsgefangenschaft befanden.
Selbst als es keine Kriegsgefangen mehr gab, wurde das Kreuz, welches zwischenzeitlich verwittert war, mehrfach erneuert.

56. Goloturm wird zur Adventskerze

Ein neueres, ebenfalls weit sichtbares Zeichen der Stadt, ist die 34 Meter hohe Adventskerze, die ab dem ersten Adventswochenende über der Stadt leuchtet. Der Goloturm der Genovevaburg wird seit einigen Jahren entsprechend gestaltet. Hierzu bringen Experten insgesamt sechzehn Leuchtnetze um den Turm herum an. Natürlich müssen diese nach der Weihnachtszeit wieder entfernt werden. Mehr als zwei Stunden sind die Hobbykletterer, selbstverständlich bei entsprechender Sicherung, in luftiger Höhe aktiv.

57. Silvesterritt und Pferdesegnung in Mayen-Hausen

Der letzte Tag des Jahres gehört in Mayen traditionell dem Stadtteil Hausen. Dort gibt es seit fast 700 Jahren die Tradition des Silvesterritts. Der Legende nach ist Papst Silvester auf seinem Weg von Rom nach Trier durch Hausen

geritten, wo sein Pferd ein Hufeisen verlor. Da das Eisen nicht sofort gefunden wurde, musste das Tier vor Ort neu beschlagen werden.
Als das Kirchenoberhaupt Hausen bereits wieder verlassen hatte, wurde das Eisen gefunden und in der Kirche zu Hausen als Reliquie aufbewahrt. Später wurde dieser Papst, der als Schutzpatron der Tiere gilt, auch Schutzpatron der Hausener Pfarrkirche. Im Rahmen des Silvesterritts erfolgt eine Segnung der Tiere, bevor die Reiterinnen und Reiter dreimal die Kirche umrunden.

58. Verschiebung des Kirchweihfestes aus Witterungsgründen

Wie gerade beschrieben ist St. Silvester der Schutzpatron der Pfarrkirche im Stadtteil Hausen. Grundsätzlich wird das entsprechende Kirchweihfest (Kirmes) im terminlichen Bezug zum Namenstag des Schutzpatrons gefeiert. Das hatte zur Folge, dass in Hausen die Kirmes rund um den Jahreswechsel bei winterlichen Temperaturen gefeiert wurde. Da dies natürlich der Feierlaune nicht zuträglich war, wurde die Kirmes kurzerhand auf das erste Wochenende im September verlegt.

59. Der Hausener Hahn

Wer den Stadtteil Hausen besucht, stolpert immer wieder über das Wappentier, den Hausener Hahn. Bei vielen historischen Entwicklungen basieren die Erkenntnisse darüber häufig auf mündlich überlieferten Erzählungen. So sind

auch die Erklärungen für den Hahn als Wappentier nicht evidenzbasiert. Nachweisbar ist die Tatsache, dass die Bürgerinnen und Bürger von Hausen und Betzing ihren obligatorischen „Zehnten“ überwiegend in Form von Eiern entrichteten. Somit steht zumindest fest, dass hier in der Vergangenheit die Hühnerzucht eine wesentliche Rolle gespielt hat. Warum nun aber der Hahn und nicht das Huhn zum Wappentier wurde, könnte damit zusammenhängen, dass ein Hahn auch eine gewisse Wehrhaftigkeit, Stärke und auch Dominanz demonstriert.
Heute jedenfalls ziert der Hahn die Schilder am Ortseingang beziehungsweise am Ortsausgang und auch das Wappen des Fußballvereins TuS Hausen. Selbst die karnevalistischen Vereine des Stadtteils haben den stolzen Hahn im Wappen.

60. Allenz und Berresheim werden zu Alzheim

Am 7. Juni 1969 entstand im Zuge der Zusammenlegung der selbstständigen Gemeinden Allenz und Berresheim der neue Name Alzheim, der aus den ursprünglichen Bezeichnungen entwickelt wurde. Als ein Jahr später Alzheim von der Stadt Mayen eingemeindet wurde, konnte man sich jedoch nicht entschließen, die historischen Namen wieder anstelle des Kunstgebildes zu nutzen und dass, obwohl sich beispielsweise mehr als 90 Prozent der 270 Einwohner von Berresheim vorher gegen dieses Namenskonstrukt ausgesprochen hatten.

Auch die Tatsache, dass die beiden ursprünglichen Bezeichnungen bis ins 12. Jahrhundert zurückverfolgt werden können (Allenz 1103 und Berresheim 1128), hat die Umbenennung nicht rückgängig machen können. (19)

61. Nitztal hieß früher nur Nitz

1967 wurde der kleine Ort Nitz, in der Nähe des Schlosses Bürresheim gelegen, in Nitztal umbenannt, damit eine Unterscheidung zu dem gleichnamigen Ort am Nürburgring möglich wurde. Der ursprüngliche Name kam vom Flüsschen Nitz, welches die Gemeinde in St.-Johann-Nitz und Kürrenberg-Nitz unterteilte. 1970 wurde Nitztal zum Stadtteil von Mayen. (19)

62. Kreisstadt bis 1970

1970 wurde der bisherige Landkreis Mayen aufgelöst und ein neuer, größerer Landkreis mit dem Namen Mayen-Koblenz gebildet. Da sich in Mayen erbitterter Widerstand gegen den Verlust des Status einer Kreisstadt formierte, spielten die politischen Entscheidungsträger zunächst auf Zeit. Koblenz wurde zum vorläufigen Verwaltungssitz bestimmt und in Mayen eine Außenstelle des „Landratsamtes" eingerichtet. Dennoch wehte in Mayen als Zeichen des Protests wochenlang eine schwarze Fahne auf dem Goloturm.

Der 1. Februar 1973 war aus Sicht der Mayener ein schwarzer Tag, denn der Kreistag entschied sich mit 26 zu 21 Stimmen für Koblenz als endgültigen Verwaltungssitz der Kreisverwaltung, obwohl die Stadt Koblenz selbst nicht zu diesem neu gebildeten Landkreis gehört.

63. Mayener stand Modell für Koblenzer Schängelche

Einen Trumpf haben die Mayener allerdings in der Hand, wenn es um die Auseinandersetzung mit den Kreisstädtern aus Koblenz geht. Landläufig werden die Einwohner von Koblenz als „Schängel“ bezeichnet. Dieser Name wurzelt wohl im französischen Vornamen Jean, der im rheinischen Dialekt schnell zu Schäng wurde.
Das Pendant zum Mayener Jung ist folglich das Koblenzer Schängelche. Ebenso wie in Mayen gibt es in Koblenz ein entsprechendes Lied und seit 1941 einen Brunnen, der zum Wahrzeichen der Stadt wurde. Und dann können die Mayener stolz berichten, dass dieser Brunnen vom Mayener Bildhauer Carl Burger geschaffen wurde. Aber damit noch nicht genug. Das Koblenzer Schängelche ist ein Mayener. Für den Brunnen und die Figur stand der damals zwölfjährige Rudolf Dany aus Mayen Modell. (20) Danys Vater war mit dem Künstler befreundet, und so ergaben sich für Rudolf immer wieder Möglichkeiten, das Taschengeld als Modell für verschiedene Kunstwerke aufzubessern. Und eines davon ist das Koblenzer Schängelche.

64. Merkwürdiges Autokennzeichen MYK

Die Autofahrer aus dem Landkreis Mayen-Koblenz wurden bei Fernreisen häufig nach der Bedeutung ihres Autokennzeichens befragt. „MYK“ – diese Buchstabenkombination ließ viele Autofahrer, speziell in der Anfangszeit, ratlos zurück. Das ungewöhnliche Kennzeichen war ein Ergebnis des er-

bitterten Widerstandes der Mayener gegen die neue Kreisstadt Koblenz. Das ursprüngliche „MY“ des Landkreises Mayen wich für kurze Zeit dem „KO“ für Koblenz, was die Mayener auf die Barrikaden trieb. Am Ende ergab sich der Kompromiss mit „MYK“.
Auch hier hatten die Mayener Spötter schnell eine andere Erklärung zur Hand. Seinerzeit waren neben dem Oberbürgermeister Albert Nell noch weitere wichtige Funktionsträger in Mayen im Nachbarort Kottenheim wohnhaft. Da sich hier schon immer eine typisch nachbarschaftliche Rivalität entwickelt hatte, mutmaßten die Mayener scherzhaft, dass „MYK“ die Abkürzung für Mayen – Kottenheim sei. Zumindest wäre dies wieder eine Abgrenzung zu Koblenz gewesen.

Seit Mai 2013 ist das historischen Kennzeichen des ehemaligen Kreises Mayen wieder zugelassen, und viele stolze Mayener kehrten spontan (und kostenpflichtig) zum heiß geliebten „MY“ zurück. Am ersten Tag der Neuregelung standen zahlreiche Mayener bereits lange vor Öffnung der Zulassungsstelle an, um den Wechsel schnellst möglich zu vollziehen.

65. Henne erüm hat Maye jewunne (Hintenrum hat Mayen gewonnen)

Dieser Ausspruch ist in Mayen und der Region sehr bekannt. Selbst in der schon angesprochenen Nationalhymne vom „Mayener Jung“ findet sich der Satz bereits in der zweiten Textzeile. Vielleicht mag es auf den ersten Blick so anmuten, als würde dies für Verschlagenheit und Hinterhältigkeit sprechen, die man dem Mayener attestieren möchte – dies ist jedoch nicht zutreffend.

Das Ganze geht zurück auf die Zeit nach dem Westfälischen Frieden von 1648. Der Erzstift Trier wurde wegen seiner Unterstützung für den deutschen Kaiser Leopold I. durch Frankreich ausgeplündert.
Infolgedessen wurde auch Mayen belagert. Als es schlecht um die Versorgung der Bürgerinnen und Bürger stand, sollen der Legende nach die Frauen der Stadt auf die Stadtmauer geklettert sein und dort ihr Hinterteil entblößt haben. Der Anblick der weiblichen Rundungen auf der Stadtmauer hat dann die Aufmerksamkeit der Besatzer so einseitig werden lassen, dass die Belagerten einen Ausfall durch ein anderes Stadttor wagten und dem abgelenkten und damit wehrlosen Feind in den Rücken fallen konnten.
Die Franzosen jedenfalls rückten nach dieser Attacke ab, und Mayen feierte den Sieg gegen den vermeintlich übermächtigen Gegner und kreierte schnell den Spruch „Henne erüm hat Maye jewunne".
Aber die Mayener in ihrer Art zu fabulieren und Geschichten auszuschmücken wären sich nicht treu geblieben, hätte sich im Laufe der Zeit nicht noch eine alternative Geschichte in die Erinnerung der Bevölkerung eingebrannt.

Die Ausgangslage ist identisch. Mayen sieht sich französischen Belagerern gegenüber, die auch zahlenmäßig deutlich überlegen waren. In Anbetracht der schier ausweglosen Situation für die Mayenerinnen und Mayener ließ der französische Kriegsherr verkünden, dass man die Stadtbevölkerung aushungern wolle und damit zur Aufgabe drängen werde. Als mit andauernder Belagerung nach und nach die Lebensmittel knapp wurden, stiegen die Frauen der Stadt, wohl bei Dämmerlicht, auf die Stadtmauer und präsentierten ihr Hinterteil. Die ebenfalls bereits angeschlagenen und ge-

schwächten Angreifer kamen daraufhin zu einer Fehleinschätzung. Sie betrachteten das Schauspiel und brachen die Belagerung mit den Worten „Die werden wir niemals aushungern können. Schaut mal, die haben immer noch dicke Backen“ ab.
Wirklich historisch belegt ist laut aktueller Aussage des Geschichts- und Altertumsvereins lediglich, dass Mayen in dieser Zeit einmal eine Belagerung abgewehrt hat, aber die Geschichte ist in der Stadt allgegenwärtig. So befindet sich beispielsweise in der Fußgängerzone ein Brunnen, auf dem man drei wohlgenährte Frauen mit entblößtem Hinterteil sieht, die sich an den Händen halten und symbolisch die Stadt beschützen. In Liedern und Geschichten wird diese Erzählung noch heute gerne aufgegriffen und verarbeitet.

In der Folgezeit sah man sich in Mayen immer wieder französischen Angriffen und Eroberungen ausgesetzt. Hieraus resultiert heute noch eine sprachliche Verbundenheit, die sich in Begriffen wie „Trottoir“, „Portemonnaie“ und anderen sprachlichen Importen zeigt. Auch der in Mayen landläufige Begriff „Fisematenten“ für Faxen oder Eseleien soll dort seinen Ursprung haben. „Visitez ma tente“ (zu Deutsch „Besuch mich in meinem Zelt“) war der Versuch der Soldaten, Mayener Mädchen in ihr Lager zu locken. Als Warnung, auf diese Verführungsversuche einzugehen, gab es dann den elterlichen Rat „Mach mir nur keine Fisematenten“.

66. El Dorado für Heiratswillige

In Mayen kann man fast immer und überall heiraten. In der Zeit ab 1999 wurden die denkwürdigen Daten wie 9.9.99,

01.01.01, 02.02.02 etc. in Mayen geradezu zelebriert. Neben dem üblichen Trauzimmer im Rathaus wurden Traumöglichkeiten im Alten Rathaus, der Genovevaburg, dem Obertor, dem Schieferbergwerk und mittlerweile auch im Rosengarten der Burg geschaffen. Zwischenzeitlich gab es sogar schon Eheschließungen, die (mit Ausnahme der offiziellen Trauformel) in lupenreinem Mayener Platt abgehalten wurden.
Spötter, die bekanntlich nicht weit sind, wenn es in Mayen gilt, Neuigkeiten zu kommentieren, haben bereits darauf hingewiesen, dass sich die eine oder andere Lokalität empfiehlt, je nachdem welche Erwartungen man selbst an die Ehe hat oder wie man die Ernsthaftigkeit des Partners einschätzt.
Am Alten Rathaus beispielsweise findet sich links neben dem Eingang ein Stein in der Fassade, der darauf verweist, dass sich dort im Mittelalter der Strafstock der Felddiebe, mit anderen Worten der Pranger befand. Es soll doch immer wieder speziell Männer geben, die Pranger und Ehe in einen Zusammenhang bringen!
Oder das Trauzimmer in dem ehemaligen Stadttor, dem Obertor. Dieses Trauzimmer bietet gleich zwei Varianten der taktischen Herangehensweise.
Wenn man selbst noch unentschlossen ist, dann hat man auf dem Weg zum Trauzimmer noch vierzig Treppenstufen zu bewältigen. Möglicherweise genug Zeit, um die bevorstehende Entscheidung noch einmal zu überdenken.
Sollte man sich selbst sicher sein, jedoch an der Entschlossenheit des potentiellen Ehepartners zweifeln, dann sollte das Obertor ebenfalls erste Wahl sein. Dann empfiehlt es sich jedoch, dem Partner, an dessen Entschlusskraft man selbst vielleicht noch zweifelt, den Vortritt zu lassen. Das Treppenhaus mit den bereits erwähnten vierzig Stufen ist so schmal, dass eine „Flucht“ ausgeschlossen ist.

67. Pilgerweg führt durch Mayen

Wenn heute über Pilgerreisen gesprochen wird, dann fällt vielen Zeitgenossen der Jakobsweg ein, der auch Spuren in Mayen hinterlassen hat. Mayen gehört zum sogenannten Eifel-Camino, auf dem man den Spuren der Jakobspilger folgen kann.
Auf Initiative der Sankt-Matthias-Bruderschaft in Mayen wurde ein Teil der alten Route neu ausgeschildert. Das gelbe Symbol der Jakobsmuschel weist den Pilgern seitdem den richtigen Weg. An der Fassade der St. Clemenskirche in Mayen weist zudem ein beeindruckendes Relief auf den Bezug der Stadt zum Jakobsweg hin.

68. Jährliche Wallfahrt nach Trier

Erste Spuren der Sankt-Matthias-Bruderschaft lassen sich bis ins Jahr 1640 zurückverfolgen. Straßennamen wie „Trierer Weg“ in Mayen lassen auch Rückschlüsse darauf zu, dass es in dieser Zeit bereits Fußwallfahrten nach Trier zum Grab des Apostels Matthias gegeben haben muss.

Nachdem die Wallfahrten im Jahre 1785 verboten wurden, gab es in Mayen später gelegentliche Pilgerwanderungen.

Die Sankt-Matthias-Bruderschaft, zwischenzeitlich in Vergessenheit geraten, wurde 1998 neu gegründet. Neben der alljährlichen Wallfahrt nach Trier zeichnet sich die Bruderschaft ebenfalls für zahlreiche Kapellenrenovierungen und die Instandsetzung der Mayener Fußfälle im St.-Veit-Park verantwortlich. (21)

69. Mayen als Talentschmiede für Chinas Fußballer

Im Sommer 2017 schlägt eine Nachricht in Mayen wie eine Bombe ein. Die Fußballer aus China beabsichtigen in Mayen eine dauerhafte Trainingsstätte für die Mannschaft einzurichten, die 2020 im eigenen Land olympisches Gold gewinnen soll. Ziel der Begierde sind das Nettetalstadion in Mayen, der ehemalige Rheinlandplatz und das leerstehende Gebäude des ehemaligen Internats.

Die lokale Presse berichtet von einem Treffen der Mayener Stadtspitze mit Vertretern aus China und dem Präsidenten des Fußballverbandes Rheinland.

In Mayen sieht man eine Gelegenheit, dass vor allem das Internat wiederaufgebaut werden kann. Die lokalen Sportvereine hoffen auf einen positiven Effekt, was die Instandsetzung der Sportanlagen betrifft.

Zu diesen Gerüchten passt, dass zeitgleich eine Vereinbarung getroffen werden soll, die es der chinesischen U20 Nationalmannschaft ermöglichen soll, in der Rückrunde 2017/2018 außer Konkurrenz gegen die Teams der Amateuroberliga Südwest anzutreten.

Tatsächlich kommt es zu dieser Vereinbarung, aber einige Vereine beteiligen sich aus Protest nicht. Nachdem es bei den ersten Spielen Fan-Proteste gegen die Tibet-Politk Chinas gibt, wird diese Kooperation jedoch schnell eingestampft. Auch vom Olympiatrainingslager Mayen wird später nicht mehr gesprochen.

70. Mayener Nationalgericht Döppekooche

Die Ursprünge der Mayener liegen, wie bereits beschrieben, in der Steinindustrie. Insoweit waren die Verhältnisse in der Region auch eher als ärmlich zu bezeichnen. Das hatte natürlich auch Auswirkungen auf den Speiseplan.
Dieser musste so gestaltet werden, dass viele Mäuler satt wurden, und durfte gleichzeitig das schmale Budget nicht allzu sehr belasten.
Folglich nahm die Kartoffel im Speiseplan einen wichtigen Platz ein. Grundsätzlich immer in der Kombination mit Gemüse als Sättigungsbeilage, kristallisierten sich schnell reine Kartoffelgerichte als regionale Spezialität heraus.
Reibekuchen, in Köln als „Rievkooche" bekannt, wurde in Mayen und Umgebung als „Kröbbelcher" so beliebt, dass das alle zwei Jahre stattfindende Kröbbelchesfest im benachbarten Kottenheim ein absoluter Publikumsmagnet ist, bei dem sich vier Tage lang alles um die tolle Knolle dreht.
Ebenso beliebt und sehr arbeitsintensiv sind die selbst gemachten „Krombareklühs" (Kartoffelklöße).

Getoppt werden diese beliebten Speisen aber eindeutig vom „Döppekooche", der nicht nur ausgezeichnet schmeckt, sondern auch für eine große Zahl von Essern mit überschaubarem Aufwand zubereitet werden kann. Der „Döppekooche" kann durchaus als Nationalgericht der Mayener bezeichnet werden.
Das Grundrezept ist verhältnismäßig einfach:

Kartoffeln werden geschält, abgespült und fein gerieben. Hinzu kommen Bauchspeck, Eier und Zwiebeln. Gewürzt wird die Masse mit Salz und Pfeffer.

Hinzu kommen ein oder zwei getrocknete Brötchen, die vorher in warmer Milch eingeweicht wurden.
Bis hierhin ist die Zutatenliste unstrittig. Dann jedoch gibt es schon die ersten Abwandlungen, was die Gewürze angeht. Je nach Geschmack wird beispielsweise auch noch Muskat hinzugegeben.
Die Masse wird unter Zugabe von reichlich Öl in eine gefettete, ofenfeste Form gefüllt. Auch hier gibt es unterschiedliche Überzeugungen, woraus die Form bestehen soll. Bevorzugt wird der gusseiserne Bräter, aber auch Keramik oder Steingut hat seine Anhänger.
Und wie es sich gehört, hat wahrscheinlich jeder Haushalt in Mayen eine Nuance, die das Rezept so verfeinert, dass jede Familie sicher ist, den einzig wahren und vor allem schmackhaftesten „Döppekooche“ zu backen.
Es gibt Abwandlungen, bei denen Markknochen mit zugegeben oder auch Mettwürstchen in den Kartoffelauflauf gemischt werden. Da sich gerade die Ernährungsgewohnheiten verändern, gibt es sogar vegetarische Varianten, bei denen geräucherter Tofu den Bauchspeck ersetzt. Den typischen „Döppekooche“-Geschmack versucht man dann mit Hilfe von Räuchersalz zu erreichen.
Die Masse kommt für zwei bis zweieinhalb Stunden in den Backofen bei 200-220 Grad.

Und weiter geht es mit den individuellen Haushaltstricks: Mit geschlossenem Deckel backen, mit Alufolie bedeckt oder offene Garweise – auch hier sind viele Variationen im Umlauf.
Das Ziel sollte im Normalfall sein, eine schöne, krosse Kruste zu erreichen, und dass liegt tatsächlich daran, ob und wie der „Döppekooche“ abgedeckt wird. Um eine entspre-

chende Kruste zu erhalten, muss man in jedem Fall die letzten 30-60 Minuten ohne Abdeckung arbeiten. Liebhaber einer dicken Kruste decken das Gefäß während des gesamten Garvorgangs nicht ab.
Zum „Döppekooche“ gehört als Beilage lediglich Apfelkompott, und man ist als Gast erstaunt, welche Mengen von diesem köstlichen Gericht die Mayenerinnen und Mayener in sich hineinstopfen können. Dabei ist der „Döppekooche“ meistens so lecker, dass natürliche Schutzmechanismen des Körpers außer Kraft gesetzt werden und meist weit über die Sättigungsgrenze hinaus gegessen wird.
Für den anschließenden Zustand des Völlegefühls haben die Mayener natürlich auch ihren eigenen Begriff. Wer viel zu viel gegessen hat, der hat sich „vapänzt“. Dazu muss man wissen, dass der Bauch im Mayener Dialekt auch „Panz“ genant wird, vor allem dann, wenn von übergewichtigen Menschen gesprochen wird. „Der hat en schwere Panz“ (dicken Bauch) – und der kann vom „Döppekooche“ kommen.

71. Mayener Partnerstädte

Joigny, Frankreich seit 1964
1964 wurde die erste Städtepartnerschaft von Mayen besiegelt. Der damalige Bürgermeister Dr. Heinrich Dahmen unterzeichnete am 12. Oktober den entsprechenden Vertrag mit seinem Amtskollegen aus Joigny in Burgund.

Joigny ist mit etwa 12.000 Einwohnern kleiner als Mayen. Dennoch entdeckt man einige erstaunliche Parallelen. Wie in Mayen gibt es einen kleinen Fluss, der durch die Stadt

fließt. Was in Mayen die Nette ist, ist in Joigny die Yonne. Genau wie Mayen zählt auch Joigny zu den Städten, die einen Bezug zum Jakobsweg haben. Dieser führt durch das Département Yonne, in dem Joigny liegt. Nennt man die Mayener landläufig „Duudschläja", so lautet der Spitzname der Bewohner von Joigny „Maillotins", was übersetzt „Holzhammer" bedeutet.
Der deutsch-französiche Freundschaftskreis sorgt seit 1971 für den kulturellen und sportlichen Austausch zwischen den Partnerstädten. Eine besondere Rolle spielte dabei das Megina-Gymnasium, welches bereits sehr früh regelmäßige Schüleraustausche organisiert hat.
Joigny hat, genau wie Mayen, eine weitere Städtepartnerschaft mit Godalming in England.

Godalming, England seit 1982
Nachdem der Landkreis Mayen-Koblenz eine Partnerschaft mit dem englischen Kreis Waverley geschlossen hatte, kam es 1982 zur Städtepartnerschaft von Godalming und Mayen. Beide Städte haben etwa 20.000 Einwohner.
Ein Merkmal der Partnerstadt ist der gekrümmte Kirchturm der Pfarrkirche St. Peter and Paul, sodass sich auch hier weitere Parallelen zu Mayen finden lassen.

Uherske Hradiste – Tschechien seit 1994
1994 kam die dritte und bisher letzte Städtepartnerschaft mit dem tschechischen Uherske Hradiste zustande. Mit 25.000 Einwohnern ist dies die größte Partnerstadt Mayens und auch einwohnerstärker als Mayen selbst. Gegründet wurde die Stadt 1257 und der historische Stadtkern steht heute vollständig unter Denkmalschutz. Der in Deutschland bekannteste Sohn der Stadt dürfte der ehemalige Bundesligaprofi

Miroslav Kadlec sein, der von 1990 bis 1998 für den 1. FC Kaiserslautern die Fußballschuhe schnürte und dabei zwei deutsche Meisterschaften und einen Pokalsieg errang. Mit der tschechischen Nationalmannschaft unterlag er 1996 der Mannschaft von Deutschland im Finale der Fußballeuropameisterschaft. Auch hier sorgen engagierte Freundschaftskreise für einen regen Austausch.

72. Erfinder der ersten deutschen Nähmaschine – Balthasar Krems

Das es heute Nähmaschinen gibt, die zum ganz normalen Alltag gehören, verdankt die Welt einem klugen Kopf aus Mayen. Der Strumpfwirker Balthasar Krems (* 27. November 1760 in Mayen; † 4. Mai 1813 in Mayen) gab drei Jahre vor seinem Tod den entscheidenden Impuls. Er entwickelte sozusagen die Ur-Nähmaschine. Hierbei handelte es sich um eine Einfaden-Kettenstich-Nähmaschine, die mit dem Fuß angetrieben wurde. Die Besonderheit war die Nähnadel, die maschinenkompatibel war, weil sich das Nadelöhr am unteren, spitzen Ende der Nähnadel befand. Diese revolutionäre Konstruktion macht eine Nähmaschine überhaupt erst möglich.
Dummerweise versäumte es Krems, für seine Erfindung ein Patent anzumelden, sodass er zwar als Vater der Nähmaschine bezeichnet werden kann, aber kaum wirtschaftlichen Nutzen daraus ziehen konnte.

In Mayen ist eine Straße nach dem klugen Kopf benannt, und am Fuße der Genoveaburg befindet sich eine Gedenktafel (natürlich stilecht aus Mayener Stein gehauen).

73. Die Waldkapelle

Sehr idyllisch – mitten im Wald – liegt am Stadtrand von Mayen die Waldkapelle. Ähnlich wie bei dem Kreuz auf dem Knüppchen wurde diese Kapelle nach dem Zweiten Weltkrieg errichtet. Hier ging es aber nicht um ein Symbol für die Gefallenen oder Kriegsgefangenen, sondern um dem Dank der Mayener Bevölkerung für die Rettung aus großer Not.
Die Stadt Mayen stellte der Pfarrei Herz-Jesu das Grundstück zur Verfügung, und die Mayener ließen dieses malerische Kleinod mit viel Fleiß und ehrenamtlichen Engagement erstehen. Der erste Spatenstich erfolgte 1945 während der Zeit der französischen Besatzung.

2006 konnte eine umfangreiche Renovierung und Sanierung abgeschlossen werden. Seitdem findet sich an der Kapelle auch ein Gedicht des Mundartdichters Günter Helmes, welches die Entstehung der Waldkapelle beschreibt.

74. Außenseiter unter den Kirchen – die St. Veit-Kirche

Diese Überschrift ist natürlich ironisch zu verstehen und begründet sich aus der Tatsache, dass es für die dritte große katholische Kirche in der Kernstadt keine Mundartbezeichnung gibt. Die St. Clemens-Kirche mit dem schiefen Turm wird „de ahl Kerch“ und die Herz-Jesu-Kirche „de neu Kerch“ genannt. Selbst die kleine Heilig-Geist-Kapelle hat mit „Nutkerch“ (Notkirche) eine zusätzliche Bezeichnung vom Volksmund erhalten.

Ob dies daran liegt, dass die St. Veit-Kirche außerhalb der ursprünglichen Stadtmauer liegt, oder ob den Mayenern in der jüngeren Vergangenheit das Talent, treffende Namen zu finden, abhandengekommen ist – reine Spekulation.

Zwar ist die eigentliche St. Veit-Kirche mit dem Baujahr 1953 die jüngste Kirche innerhalb der Kernstadt, aber die Geschichte von St. Veit beginnt viel früher. Experten vermuten eine Kleinkirche bereits im 9. Jahrhundert.
Die St. Veit-Kirche befindet sich im gleichnamigen Park, der einstmals dem Märchenhort Platz bot und vormals als Friedhof diente. Daher sind in diesem Park auch noch einzelne Grabmale zu finden.

75. Die Fußfälle im St.-Veit-Park

Anfang des 20. Jahrhunderts diente der St.-Veit-Park als Friedhof für die Verstorbenen der Stadt. Neben den beschriebenen Grabmalen gibt es weitere Skulpturen, die von der Vergangenheit und der Frömmigkeit der Bevölkerung zeugen.
Der Weg aus der Stadt hoch zur Kirche wird im Park auf der linken Seite von Bildnissen der Leidensgeschichte Jesu (den so genannten Fußfällen) begleitet.
Diese wurden ursprünglich von dem Bildhauer Heinrich Alken hergestellt, der von 1753 bis 1827 in Mayen lebte und arbeitete. Alken schuf in dieser Zeit viele sakrale Kunstwerke, aber die sieben Bildstöcke im St-Veit-Park sind in der Tat herausragend.

In den 1930er-Jahren wurden die Kunstwerke durch den bereits mehrfach benannten Carl Burger ersetzt, wobei sich

dieser offensichtlich an die ursprüngliche Darstellung gehalten hat.
Im Jahre 2003 war dann eine erneute Sanierung dringend notwendig. Zwei der sieben Fußfälle waren nicht mehr existent und wurden neu geschaffen, während die anderen fünf Exponate repariert und farblich neu gestaltet wurden.

Neben den Witterungseinflüssen setzte in den Folgejahren auch der Vandalismus den Kunstwerken stark zu, sodass sich die Sankt-Matthias-Bruderschaft der Sache annahm. Da die bisherigen aufgemalten Schriften immer wieder erneuert werden mussten, entschied man sich für Basaltplatten mit eingemeißelter Schrift, die als Dauerlösung an den Sockeln angebracht wurden.

76. Die Heilig-Geist-Kapelle

In der Nähe des Stadttores Wittbender Tor steht mitten in einer Häuserfront die Heilig-Geist-Kapelle. Diese ursprüngliche „Krankenhauskapelle“, die im 18. Jahrhundert zum Mayener Hospital gehörte, war nach den Fliegerangriffen von 1945 die einzige noch nutzbare Kirche in der Kernstadt. Aus dieser Zeit resultiert auch der Name „Notkirche“ im Volksmund. Der ursprüngliche Plan soll gewesen sein, diese Kapelle nach dem Wiederaufbau der anderen Gotteshäuser abzureißen.

Als man sich Anfang der 1960er-Jahre dann jedoch zur Renovierung entschlossen hatte, wurde die Kapelle zur offiziellen Gedenkstätte für die Opfer von Krieg und Gewaltherrschaft.

Jedes Jahr am Jahrestag des Bombenangriffs auf die Stadt (2. Januar) findet in der Kapelle ein Gedenkgottesdienst statt. Auf dem Altar befindet sich in einem gläsernen Kasten ein Opferbuch, in dem die Namen der Mayener Bürgerinnen und Bürger verzeichnet sind, die im Krieg gestorben sind. Dieses Buch wird regelmäßig umgeblättert, um die Erinnerung an die Opfer aufrechtzuerhalten.
Die Aufgabe, das Opferbuch regelmäßig umzublättern, obliegt dem Küster der Pfarrkirche St. Clemens.
Das Opferbuch sorgte in der Vergangenheit für Diskussionsstoff, da es keine Unterscheidung zwischen Opfern und Tätern gab. Verzeichnet sind ausnahmslos alle Mayener, die im Zusammenhang mit den Kriegen ihr Leben verloren haben.

77. Die evangelische Kirche

Die Stadt Mayen und die Region sind im Grundsatz katholisch geprägt. 1821 gründete sich die evangelische Christengemeinde, die in Ermangelung eines eigenen Gotteshauses zunächst in einem Raum der Genovevaburg die Gottesdienste abhielt.
1837 erfolgte der Bau einer evangelischen Kirche im Stadtzentrum, sodass es zu dieser Zeit neben einer katholischen Kirche und zwei Kapellen in der Kernstadt nun auch ein evangelisches Kirchengebäude gab.
Die Geschichtsbücher berichten, dass die Mayener Grubenbesitzer die Steine kostenlos zur Verfügung stellten.

Wie die katholischen Kirchen versank auch dieser Bau am 2. Januar 1945 in Schutt und Asche. Der Wiederaufbau erfolgte 1952/53 an anderer Stelle.

78. Die jüdische Synagoge

1855 wurde die jüdische Synagoge in der Straße „Im Entenpfuhl“ gebaut und bildete ein Dreieck gemeinsam mit der Clemenskirche und der evangelischen Kirche inmitten der Stadt, in dem die Gotteshäuser geradezu einen Steinwurf weit voneinander entfernt lagen.
Im Novemberpogrom funktionierte der zuvor oft beschriebene Mayener Widerstandsgeist gegen Autoritäten leider nicht. Auch in Mayen brannte die Synagoge, und nach Augenzeugenberichten durfte sich die Feuerwehr nur darauf beschränken, die angrenzenden Gebäude davor zu schützen, dass die Flammen übergreifen.
Die Brandruine wurde beseitigt, sodass heute lediglich eine Gedenktafel an die Synagoge erinnert.

79. Die vergessene Namensänderung

Wenn man in der Mayener Innenstadt auf Höhe der Clemenskirche das Straßenschild der unscheinbar wirkenden Kirchgasse genauer betrachtet, fällt eine Ergänzung des Straßenschildes ins Auge. Kirchgasse mit dem Zusatz „bis 1936 Judengasse“. Diese Umbenennung erfolgte, nachdem das „Nationalblatt“ schon lange gegen den Namen gestichelt hatte, was die Mayener jedoch bis 1936 ignorierten.
Im Zuge der Gräueltaten während der NS-Diktatur wurde jüdisches Leben komplett vernichtet und aus dem gesellschaftlichen Alltag entfernt, und die Umbenennung der Straße wurde ebenfalls vollzogen.
Nach dem Krieg hat man in Mayen den neuen Namen lange einfach beibehalten, bis sich in den 1980er-Jahren eine neue

Diskussion in der Stadt entwickelte. Gleich zweimal scheiterte der Versuch der Umbenennung.

Ende der 1990er-Jahre erfolgte der nächste Versuch der Umbenennung in den ursprünglichen Namen Judengasse. Hierzu wurde engagiert diskutiert, und am Ende befragte man über den christlich-jüdischen Kreis in Mayen die Nachfahren des letzten Lehrers der jüdischen Schule. Von dort kam das Signal, dass man den Namen Judengasse als antisemitisch empfinden würde.
Der Stadtrat fasste anschließend den Entschluss, die Namensänderung aus den 1930er-Jahren nicht rückgängig zu machen, sondern durch die Lösung mit dem Namenszusatz die Erinnerung zu verstärken.
Der Volksmund hat die Namensänderung sowieso nicht akzeptiert. In Mayen spricht man noch heute vom „Jüdeschläffje“, wobei der Begriff „Schläffje“ in der Mayener Mundart ein wenig in Vergessenheit geraten ist. Ein „Schläffje“ ist keinesfalls die Übersetzung für Gasse. Das wäre schlicht und ergreifend „Jass“. Schläffje hat auch nicht damit zu tun, dass die Straße einen Bogen (oder eine Schleife) macht. Eine Kurve ist in der Mundart eine „Kiehr“ (von Kehre) und eine Schleife ist ein „Schlopp“.
Schläffje wird heute noch im benachbarten Maifeld für Rinnsale am Bordstein (in Mayen „Flössje“) benutzt und weist also auf morastigen oder zumindest nassen Untergrund hin. Betrachtet man weitere Straßennamen in der Umgebung, findet man mit „Wasserpförtchen“ und „Entenpfuhl“ weitere „wässrige“ Hinweise, und auch die Nette selbst fließt in unmittelbarer Umgebung. Es ist also zu vermuten, dass sich in den Zeiten der ersten jüdischen Ansiedlungen dort noch Rinnsale befanden.

80. Alljährlicher Schweigemarsch

Die Erinnerungskultur in Mayen lebt auch von einem alljährlichen Schweigemarsch, der am 9. November durch die Stadt zieht, um den deportierten und ermordeten Juden zu gedenken. Stationen sind dann neben der Stelle, an der einst die Synagoge stand, die jüdische Schule, der Judenfriedhof und ein Gedenkstein im Mayener Nettetal, der gegenüber des ehemaligen Sammelortes aller Juden aus dem Kreis Mayen-Koblenz zur Deportation liegt.

81. Hexenverbrennungen im Mittelalter

Auch die mittelalterlichen Hexenverbrennungen gingen an Mayen nicht spurlos vorbei, das als Gerichtsstand für die umliegenden Siedlungen fungierte. In den alten Unterlagen finden sich Schilderungen der Hinrichtungen zum Ende des 16. Jahrhunderts. (21)

82. Heimat der Fledermäuse

Wenn alljährlich aus der Touristikbranche die Zahlen der Übernachtungen im Landkreis Mayen-Koblenz verkündet werden, dann ergänzen Scherzbolde die Mayener Zahlen (2018: 59.761 laut Statistischem Landesamt) um noch einmal rund 100.000.
Damit meinen sie die Fledermäuse, die im Stollensystem des Mayener Grubenfeldes im Spätsommer Quartier finden. Die Homepage der Stadt Mayen (www.mayen.de) spricht von 3.000 bis 5.000 Tieren, die in einem Winter nach der aner-

kannten Zählweise gesichtet wurden. Diese Zahl könne mit dem Faktor „10“ hochgerechnet werden und vielleicht sogar auf bis zu 100.000 Tiere schließen lassen. Damit sieht man sich selbst als bedeutendstes Fledermausquartier in Deutschland. Aus ganz Mitteleuropa finden Fledermäuse in Mayen optimale Bedingungen, da der Stollen im Eingangsbereich ein kühles und trockenes Klima und weiter im Inneren Schutz vor Frost bei gleichmäßiger Wärme bietet.

Der NABU Rheinland-Pfalz hat die „herausragenden Stollen im Mayener Grubenfeld ... angekauft und durch Sicherung vor dem Einsturz bewahrt“. In jedem Jahr veranstalten Naturschützer traditionell Ende August „Fledermausnächte“. Natürlich finden auch in Mayen entsprechende Veranstaltungen statt. 2018 lud die NABU zur Hauptveranstaltung nach Mayen ein. Vorträge, Führungen und Ausstellungen sowie ein attraktives Rahmenprogramm beleuchteten auch die „Gäste aus Mitteleuropa“ in allen Facetten.
Die rheinland-pfälzische Umweltministerin Ulrike Höfken zeichnete die Stadt Mayen 2012 für ihr „herausragendes Engagement zum Schutz der 16 im ‚Mayener Grubenfeld‘ vorkommenden Fledermausarten aus“. (22)
Die „Süddeutsche Zeitung“ schrieb am 28. November 2008: „Hätten die Fledermäuse eine Hauptstadt, dann läge diese wohl in Mayen in der Eifel.“ (23)

Entdeckt wurde dieser möglicherweise schon seit Jahrhunderten existierende Sammelplatz übrigens, weil eine Firma dort Rohstoffe abbauen wollte.

2015 berichtete die „Rhein-Zeitung“ von einer 17. Art, die in Mayen gesichtet wurde. Der NABU bewertete diese Sichtung seiner Zeit als „Sensationsfund". Die mittlerweile installierte elektronische Überwachung registrierte 2014 den Durchflug der „Großen Hufeisennase", einer Fledermausart, die in Deutschland als beinahe ausgestorben gilt. (24)

83. Mayener Pils

Mayen und Umgebung waren in der Vergangenheit für ihre Bierbraukunst (hier sei speziell Mendig mit 28 Brauereien in den Hochzeiten genannt) weit über die regionalen Grenzen hinaus bekannt. Die Natur hatte den Menschen der Region einen unschätzbaren Vorteil verschafft.
Der enorme Standortvorteil bestand in den Stollensystemen, die durch den Steinabbau entstanden waren. Diese natürlichen Kühlsysteme garantierten eine gleichbleibende Temperatur zwischen sechs und acht Grad, sodass entsprechende Lagermöglichkeiten bestanden.
Als Carl Linde 1876 die Kühlmaschine erfand, beendete dies auch den Vorteil, den die Region bisher vorweisen konnte.

In Mayen hielt sich am längsten die Brauerei „Mayener Löwenbräu", die das „Mayener Pils" braute.
„Eine einzigartige Position behauptet die Löwenbrauerei Max Graessl; mitten in der Stadt hat sie das früher in Mayen so zahlreich vertretene Braugewerbe allein in unsere Zeit gerettet. Über Generationen Familienbetrieb, trotz völliger Vernichtung im zweiten Weltkrieg, stieg die Brauerei vom Kleinbetrieb zur Brauerei der Mittelstufe auf und verfügt heute dank kluger Investitionen nicht nur über modernste Maschinen, Kühl- und Lagerhallen, sondern mit ihrem Haupterzeugnis ‚Mayener Pils' auch über ein Bier und

damit über einen zugkräftigen Namen, die sich über die Grenzen der Stadt und des Kreises hinaus besonderen Ansehens erfreuen und so Mayens Ruf tragen helfen, eine vielseitige Stadt zu sein." (21)
So schrieb Paul Geiermann in seinem 1978 erschienen Heimatbuch über die Brauerei in Mayen.
In dieser Zeit traten aber bereits die überregionalen Biermarken ihren unaufhaltsamen Siegeszug an, und so wurde auch das Mayener Pils in den heimischen Lokalen zurückgedrängt. Der Reiz des Neuen und geschickte Werbemaßnahmen der Konkurrenz sowie die Neigung des Mayeners, die eigenen Dinge kleinzureden („Der Prophet gilt nichts im eigenen Land"), sorgten dafür, dass das Mayener Bier immer mehr an Stellenwert verlor.

Der Volksmund kreierte schnell Anti-Slogans oder übernahm diese aus anliegenden Bierstädten wie Mendig oder Weißenthurm, die mit vergleichbaren Imageproblemen zu kämpfen hatten.
„Mayener Pils – keiner will's" so die gängige Formulierung, wobei die Biermarke je nach Region schnell in „Wölker" oder „Schultheiß" verändert werden konnte.
Viele Mayener sagten dem Mayener Pils eine Verstärkung des Harndrangs nach, was angeblich ein Nachteil im Vergleich zu den anderen Bieren sein sollte. Der Volksmund brachte auch dies auf den Punkt „Mayener Pils unerreicht – dräi jesoff, fünef jeseicht" („Mayener Pils unerreicht – drei getrunken und fünf durch Wasserlassen aus dem Körper gespült").

Mayener Gastwirte erzählten später noch oft davon, dass diese Unlust am heimischen Bier wenig bis nichts mit dem tatsächlichen Geschmack zu tun hatte, sondern reine Kopfsache war. So besorgte sich ein Gastwirt, der ausschließlich Mayener Pils im Ausschank hatte, die Etiketten anderer Biere und brachte diese auf seinen Fässern an, da die Kundschaft sich immer wieder über das ausgeschenkte Bier ausließ. An einem vorher angekündigten Abend freuten sich die Gäste daher sehr, endlich einmal nicht das Mayener Bier trinken zu müssen. Der Gastwirt führte seine Gäste sogar in den Keller und verwies auf die angeschlagenen Fässer, die die erworbenen Etiketten trugen, aber natürlich mit Mayener Bier gefüllt waren.

Begeistert feierten und tranken die selbsternannten Bierexperten, lobten den exquisiten Geschmack des Gerstensaftes, der „überhaupt kein Vergleich zu der Brühe sei, die es sonst hier gibt“. Auch der ansonsten stets thematisierte Harndrang war plötzlich kein Thema mehr.

Natürlich wollte am nächsten Tag niemand glauben, dass es am Vorabend nur Mayener Pils gegeben hatte. „Wir lassen uns von dir doch nicht veräppeln“ musste sich der Wirt anhören und dabei lernen, dass man die Menschen gerne verschaukeln kann, wenn es geschickt gemacht ist. Wenn man ihnen aber die Wahrheit sagt, dann glauben sie dies jedoch nur, wenn sie wollen.

Eine vergleichbare Geschichte weiß man in Mayen im Bezug auf Wein zu erzählen. Es hielt und hält sich das Gerücht, dass ein renommiertes Haus aus der Vergangenheit damit warb, unzählige Weine im Angebot zu haben. Auch hier wurde kolportiert, dass das Weinangebot an sich übersichtlich war, dafür aber unzählige unterschiedliche Etiketten im Keller vorrätig waren. Diese wurden je nach Bestellung auf die Weinflasche geklebt, um jeden Kundenwunsch zu erfüllen.

Natürlich ist es schwierig, heute die Grenzen zwischen Dichtung und Wahrheit bei diesen Anekdoten zu ziehen. Die Geschichten und die Vorstellung, dass es sich genau so abgespielt hat, sind jedoch so schön, dass sie einfach erzählt werden müssen und der Wahrheitsgehalt an dieser Stelle vielleicht nur eine zweite Geige spielen sollte, um die Erinnerung zu erhalten.

84. Wanderparadies in und um Mayen

Wanderfreunde kommen in Mayen und der Region voll auf ihre Kosten. Direkt am Stadtrand beginnt der Mayener Wald (Mayener Bösch), der herrliche Rundwege bietet. Der vulkanischen Heimat geschuldet sind sie nie ebenerdig, aber dennoch je nach Fitnesszustand variabel. Die Aufstiege belohnen jedoch an den unterschiedlichsten Aussichtsplätzen mit herrlichen Panoramablicken. Zwischen Mayen und Kürrenberg gibt es außerdem noch einen kleinen hölzernen Brunnen, der, und das passt wieder zur Region, die dem Karneval sehr zugetan ist, Narrenborn genannt wird. Woher dieser Name stammt ist jedoch unbekannt.
In der Region Mayen stehen gleich 56 abwechslungsreiche Wanderwege zur Auswahl, und im Landkreis Mayen-Koblenz, der mit den zahlreichen Traumpfaden wirbt, sind es gar fast 700 unterschiedliche Routen. (25)

85. Sportstadt Mayen

Als Sportstadt war Mayen schon immer aktiv und bekannt. Neben dem traditionellen Fußballsport prägten auch andere

Sportarten das gesellschaftliche Leben. Die Mayener Feldhandballer waren lange ebenso erfolgreich, wie die daraus entstandenen Hallenhandballer. Heute spielt der Handballsport in Mayen jedoch keine Rolle mehr. Aus dem Schulsport des Megina-Gymnasiums entstand in den 1970er-Jahren eine starke Basketballabteilung, und auch die Leichtathleten mehrten das Ansehen der Stadt durch tolle Sportfeste und herausragende Leistungen im Nettetalstadion. Die Hockeyabteilung prägte das Bild jahrelang mit großen Osterturnieren. 1919 gegründet, gehört dieser Club zu den traditionsreichsten Vereinen in der rheinland-pfälzischen Hockeyszene.

Die Mayener Bogenschützen werben für ihren Sport, und die Nähe zum Nürburgring hat dafür gesorgt, dass der Motorsportclub Mayen weit über die Stadtgrenzen hinaus bekannt ist. Wer sich anstelle der Motorleistung auf seine eigene Muskulatur verlassen möchte, findet Möglichkeiten beim Radsportclub oder dem Lauftreff, der aus der „Trimm-Dich"-Bewegung der 1970er-Jahre entstand und sich nach wie vor größter Beliebtheit erfreut.

Aber auch Rand- und Trendsportarten finden in Mayen immer wieder und schnell Anhänger. Anfang der 2000er-Jahre formierte sich kurzfristig eine Rollhockeymannschaft.

Ein aktuelles Beispiel der sportlichen Entwicklung ist Darts. Der Sport, der sich im TV immer mehr zum Publikumsmagneten entwickelt, ist in Mayen mehr als heimisch geworden.
2015 wurde erstmals in den Räumen der Firma Anton Kohlhaas ein Turnier ausgerichtet, welches sich mittlerweile zu

einer der größten Veranstaltungen der Region gemausert hat. Der Veranstalter, der Dartclub Eifelbären, hatte zuletzt an drei Turniertagen insgesamt fünf Turniere auf die Beine gestellt. Um die 200 Aktive, darunter Sportler, die in der Darts-Buindsliga aktiv sind, verwandelten Mayen in diesen Tagen in ein Darts-Mekka.
In der Stadt selbst gab es 2018 bereits über 40 Mannschaften, die in unterschiedlichen Ligen am regulären Spielbetrieb teilnahmen.

86. Museum unter der Erde

Weil Mayen dem Schieferabbau so eng verbunden war, befindet sich 16 Meter unterhalb der Burg ein Museum, welches den Namen Deutsches Schieferbergwerk trägt.

In einem 340 Meter langen Stollenlabyrinth kann man den Alltag und die Arbeit unter Tage nicht nur sehen, sondern hören, fühlen, also quasi mit allen Sinnen erkunden.

Neben den Exponaten gibt es als besondere Attraktion eine simulierte Lorenfahrt durch den Schacht und eine Erklärung durch den animierten Bergmann Müllers Jupp.

In diesem unterirdischen Museum gibt es die Möglichkeit, die ehemaligen Schutzbunker der Stadt zu besichtigen. In diesen Stollen suchte die Bevölkerung im Zweiten Weltkrieg Schutz vor den Fliegerangriffen. Die dort ausgestellten Exponate und die Atmosphäre vor Ort lassen vielleicht eine Ahnung davon zu, was die Menschen in dieser dunklen Zeit ertragen mussten. Eine Zeitreise, die auch unter die Haut geht.

87. Kürrenberger Name ist Muhre (Möhren) – keiner weiß warum

Wie die Mayener selbst außerhalb der Stadtgrenzen gerne „Duudschläja“ genannt werden, heißen die Einwohnerinnen und Einwohner der Stadtteils Kürrenberg landläufig „Körmerescher Muhre“ (Kürrenberger Möhren). Eine gesicherte Erklärung, woher diese Bezeichnung stammt, gibt es allerdings nicht. Es existiert lediglich eine Vermutung, dass dies auf den trockenen Boden des Stadtteils zurückgeführt werden kann, in dem außer Karotten keine Bodenfrüchte gedeihen konnten.

88. Mayen und seine Radwege

Seit der Straßenrenovierung 2017/2018 ziert ein Fahrradweg die äußeren rechten Ränder der Hauptverkehrsstraße der Stadt. Damit wurde einem alten Wunsch der Mayener entsprochen, die rund um die Stadt über ein toll ausgebautes Fahrradwegnetz verfügen, welches in der Stadt jedoch keine Fortsetzung fand. 2011 gründete sich eine Initiative „Pro Rad Mayen“, die die Verbesserung der Fahrrad- und Gehwegsituation zum Ziel hat.

Vorherige Initiativen in der Kernstadt verpufften in der Vergangenheit. So waren die Mayenerinnen und Mayener Anfang der 2000er Jahre doch sehr überrascht, als über Nacht der rechte Rand der Straßen rot eingefärbt war. Durch diese farbliche Markierung sollte ein Fahrradweg geschaffen werden. Dieser setzte sich in keinster Weise durch, wohl auch, weil die entsprechende Information im Vorfeld fehlte. Es wurden also weiter die üblichen Parkmöglichkeiten genutzt,

sodass der Radfahrer immer wieder gezwungen war, parkende Fahrzeuge auf der Markierung zu umfahren. Mit der Zeit löschten darüber hinaus der Regen und die Straßennutzung die Markierung aus, und der erste Versuch, einen Radweg zu installieren, war gescheitert.
Dabei bietet der Maifeld-Radweg eine herrliche Ausflugsmöglichkeit für die Freunde des Drahtesels, der Inliner oder den Wanderfreunden. Die alte Bahnstrecke zwischen Mayen und Ochtendung wurde entsprechend umgebaut und bietet viele Möglichkeiten. Polch und Münstermaifeld sind von hier aus ebenfalls ausgezeichnet und nutzerfreundlich zu erreichen. Von Münstermaifeld aus besteht dann sogar die Möglichkeit, über Hatzenport und das Schrumpftal die Mosel und das Moseltal mit dem Rad zu erkunden.

89. Römische Spuren und Römerwarte

Dass Mayen und die Region in der Blütezeit der römischen Expansion auch von den Legionen besetzt waren, ist durch zahlreiche Funde belegt. Hoch über Mayen ragt ein außergewöhnliches Monument als Zeuge für die Nachwelt, die Römerwarte.
Diese Festungsanlage wurde um 300 n. Chr. auf dem Mayener Katzenberg errichtet. Der Katzenberg ist somit die größte bisher bekannte spätrömische Fliehburg im Rheinland.

Zum Schutz der Fundamentgräben, die seit 1900 gefunden wurden, errichtete man im Jahre 2000 einen Schutzbau, der allerdings, im Gegensatz zur Wehrmauer und den Rundtürmen, keine originalgetreue Rekonstruktion des ursprünglichen Gebäudes darstellt. Aufgrund der Nähe zum

Schieferbergwerk Katzenberg hat man jedoch viel Wert auf die Deckung des Daches gelegt, und diese mit einer römischen Sechseck-Deckung der ursprünglichen Form nachempfunden. (26)
Dieses spannende Naturmuseum ist ganzjährig und kostenfrei geöffnet. Seit 2007 jedoch bietet sich an dritten Juliwochende zusätzlich die Möglichkeit, in die Zeit der römischen Besatzung einzutauchen. Mit Römerlager, Handwerksmarkt und Einführung in die römische Kriegskunst ist eine Zeitreise schnell möglich.
Dabei legen die Organisatoren viel Wert auf Authentizität, was Kleidung und Ausrüstung betrifft.
Dieses alljährliche Event ist (wahrscheinlich bewusst) nicht mit einem großen mittelalterlichen Markt oder ähnlichen Events vergleichbar, sondern überzeugt durch die Schlichtheit und die dadurch mögliche Nähe für interessierte Besucher aller Altersklassen.

90. Geheimtipp Figurentheater

Ein künstlerisches Kleinod findet sich im Stadtteil Mayen-Hausen in Form eines Figurentheaters. 60 bis 80 Personen finden in den Räumen der Alten Schule des Stadtteils Platz. Neben offenen Vorführungen gibt es natürlich auch die Möglichkeit, das Theater für private Veranstaltungen zu buchen.
Bemerkenswert ist in jedem Falle der Spielplan, bei dem Manfred Künster nicht dem allgemeinen Zeitgeist folgt, sondern auch Stücke wie „Die kleine Zauberflöte“, „Faust“ oder „Der Zauberlehrling“ inszeniert. Aber auch klassische Märchen wie „Die Bremer Stadtmusikanten“ oder „Das tap-

fere Schneiderlein“ werden ebenso kunstvoll in Szene gesetzt wie „Der kleine Prinz“, „Die Schöne und das Biest“ oder auch die bekannten Janoschgeschichten vom kleinen Tiger und dem kleinen Bären.

91. Typisch britische Telefonzelle

Im normalen Straßenbild wurden die Telefonzellen durch die Verbreitung von Mobiltelefonen mittlerweile fast komplett verdrängt. In Mayen hält sich eine Telefonzelle am oberen Marktplatz jedoch hartnäckig. Dies liegt aber nicht daran, dass in Mayen noch ein großer Bedarf am öffentlichen Telefonat bestehen würde. Dies erledigt der moderne Mensch mit Hilfe seines mobilen Telefons mittlerweile immer und überall. Und vor allem ohne eine Telefonzelle, die die Umwelt vor einem Zuviel an Informationen schützen würde.
Dass sich dieses eine Telefonhäuschen im Stadtbild hält, liegt an der außergewöhnlichen Telefonzelle selbst. Es handelt sich nämlich um ein Geschenk der englischen Partnerstadt Godalming in Form eines der typischen knallroten englischen Telefonhäuschen.
Im Betrieb ist dieses Relikt aus der Zeit vor dem Mobilfunk natürlich nicht mehr, aber dafür winkt die Queen den vorbeieilenden Menschen freundlich zu.

92. Von Kürrenberg in die Premiere League

Im Januar 2019 schlug eine Sportnachricht wie die viel zitierte Bombe in Mayen ein. Der bisherige Trainer der U23

von Borussia Dortmund, Jan Siewert, wechselt mit sofortiger Wirkung auf den Cheftrainerposten in die erste englische Liga zum Abstiegskandidaten Huddersfield Town. Und auch hier reichen die Wurzeln nach Mayen zurück. Jan Siewert wurde im Mayener Stadtteil Hausen geboren. Hier unternahm er seine ersten fußballerischen Gehversuche. Später wechselte er zum TuS Mayen und half hier mit, den Rheinlandpokal 2004 nach Mayen zu holen, was dem TuS Mayen zu einem Erstrundenspiel im DFB-Pokal gegen den VFB Stuttgart verhalf, welches vor der Rekordkulisse von mehr als 6.000 Zuschauern ausgetragen wurde.
Seine erste Trainerstation im Seniorenbereich war in Mayen, und zwar beim SV Kürrenberg in der Kreisliga C. Etwa eine Spielzeit lang arbeitete der aufstrebende junge Fußballlehrer im höchst gelegenen Mayener Stadtteil. Das hier eine verheißungsvolle Trainerkarriere begann war schon zu erahnen, die tatsächlichen Ausmaße der Entwicklung jedoch nicht abzusehen.

93. Der Mayener Südbahnhof

Die Stadt Mayen hat offiziell zwei Bahnhöfe, obwohl sie vom großen Schienennetz ein wenig abgehängt wurde. Heute sind es lediglich noch die regionalen Bahnen, die den Mayener West- beziehungsweise Ostbahnhof anfahren.
Im Volksmund jedoch gibt es noch einen dritten Bahnhof, den Südbahnhof. Dieser meint den Bereich „In der Weiersbach“, doch hier sind weit und breit keine Schienen zu sehen.

Wie so oft ist der kreative Mayener Volksmund für diese Wortschöpfung verantwortlich. Seinen Ursprung hat der

Mayener Südbahnhof in der Zeit zwischen den beiden Weltkriegen. Das Gelände diente in der Kaiserzeit als städtische Müllkippe. Das gesamte Gebiet bis hin zum heutigen Viehmarkt wurde seinerzeit mit Müll und Trümmerschutt verfüllt.

Nach dem Ersten Weltkrieg entstanden dort Notunterkünfte für die Bevölkerung. Da auf die Schnelle keine Häuser gebaut werden konnten, wurden alte Eisenbahnwaggons als Wohnraum genutzt und dort aufgestellt. Alte Fotos zeigen Eisenbahnwaggons aus der Kaiserzeit, die dort bis zum Zweiten Weltkrieg standen. Diese Ansammlung von Eisenbahnwaggons erinnerte die Mayener wohl an einen Bahnhof, und so war der Begriff Südbahnhof schnell geboren. Diese Bezeichnung war bis zum Ende der 1990er-Jahre umgangssprachlich noch gang und gäbe in der Stadt, scheint aber mit den Zeitzeugen nach und nach aus dem Sprachschatz zu verschwinden.

94. Bramsche Familienstiftung

In Mayen gibt es eine außergewöhnliche Fördermöglichkeit für Studenten. Nicht unbedingt gendergerecht existiert dieses Stipendium nur für Männer aus der Eifelstadt. Die sogenannte Bramsche Familienstiftung geht auf den Kanoniker des Clemens-Stifts Matthias Bram zurück. Dieser gründete eine Stiftung, die ursprünglich Theologiestudenten unterstützen sollte. Mittlerweile wurde der Stiftungszweck auch auf andere Studiengänge an einer Regeluniversität ausgeweitet. Begünstigt werden alle männlichen Nachfahren des um 1600 geborenen Johann Bram, der selbst vier Kinder hatte. Eine finanzielle Unterstützung muss beantragt werden, und der

entsprechende Nachweis über die Ahnenreihe ist zu erbringen. Die Ahnenforscher aus Mayen und Umgebung werden daher immer wieder gebeten zu überprüfen, ob ein angehender Student in diese Ahnenreihe passt.
Vorsitzender dieser Familienstiftung ist kraft Amtes der amtierende Oberbürgermeister der Stadt.

95. Verschwundenes Mahnmal – die Trümmerlok

Wie bereits berichtet, wurde Mayen im Januar 1945 durch Luftangriffe fast vollständig zerstört. Der Wiederaufbau der Stadt zählt sicherlich zu den herausragenden Leistungen der Mayener Bevölkerung.
Sichtbares Symbol für diesen Wiederaufbau war die Trümmerlok, die von 1981 bis 1990 als Denkmal in der Nähe des Brückentores aufgestellt war. Es handelte sich dabei um eine restaurierte Feldbahn-Dampflok der Marke Orenstein und Koppel von 1921 (27), welche von 1945 bis 1948 eingesetzt wurde, um das Straßenbild von den Trümmern zu befreien.

Als 1990 bekannt wurde, dass diese Lok künftig nicht mehr das Mayener Stadtbild zieren würde, regte sich Unmut in der Bevölkerung, sah man doch einen Bestandteil der eigenen Identität schwinden.
Zunächst war eine Inbetriebnahme bei der Bad Orber Kleinbahn vorgesehen, die aber nicht zustande kam. Über einige Umwege landete die geschichtsträchtige Lok mittlerweile im Frankfurter Feldbahnmuseum, wo sie fachgerecht zerlegt und anschließend wieder in den Ursprungszustand (nach vorliegenden Fabrikfotos) gebracht wurde. Bereits 2015 war

die Mayener Trümmerlok auf den dortigen Gleisanlagen unterwegs.
Andreas Adler beendet seinen Bericht im Blauen Brief des GAV sehr treffend: „Aus Mayener Sicht ist es sicherlich bedauerlich, dass sich mit der Lok ein geschichtliches Zeugnis nicht mehr in der Stadt befindet. Aus konservatorischer und betrieblicher Sicht ist die Aufnahme ins Frankfurter Feldbahnmuseum jedoch positiv zu bewerten. Hier ist eine witterungsgeschützte Unterbringung und damit langfristige Erhaltung möglich."

96. Mayener trotzen dem Glockenerlass der Nazis

Eine schon mehrfach beschriebene Eigenart des Mayeners ist sein fast schon reflexartiger Widerstand gegen Obrigkeiten. Sofern es jedoch keine Möglichkeit mehr gibt, sich den Anordnungen zu widersetzen, kommt eine weitere Wesensart zum Tragen. Der Mayener ist sehr kreativ, wenn es darum geht, den eigenen Willen dennoch durchzusetzen.

Einen entsprechenden Beweis traten die Mayener im Sommer des Jahres 1942 an. Kurz vorher hatte Hermann Göring im sogenannten Glockenerlass angeordnet, dass alle im Deutschen Reich vorhandenen Bronzeglocken, mit Ausnahme der Glocken von herausragender historischer Bedeutung, abzuliefern seien. Die Glocken sollten eingeschmolzen werden. Da die Herz-Jesu-Kirche erst 1912 erbaut worden war, spielten die Glocken historisch gesehen keine Rolle. Jedoch wollten die Mayener den Glockenklang vom Kirchturm nicht missen.

Der damalige Pfarrer Anton Arenz und sein Küster Jakob Wölwerscheid kamen auf die Idee, die verschiedenartigen Geläute am Morgen, Mittag und Abend mit einem Aufnahmegerät auf Wachsplatten aufzunehmen. Um diesen Plan umzusetzen, musste ein defektes Aufnahmegerät instand gesetzt werden. Die weiteren Materialien wurden auf abenteuerlichen Wegen und aus den verschiedensten Bezugsquellen organisiert, und der Plan wurde tatsächlich umgesetzt.

Mithilfe eines Lautsprechers erklang also auch ohne Glocken das alltägliche Geläut und der Ruf zum Gottesdienst. Dabei ist zu berücksichtigen, dass hierzu meterlange Stromkabel in die Höhe des Kirchturms zu verlegen waren. Mit Geschick und Improvisationsgabe lösten die Mayener jede Herausforderung, teilweise höchst provisorisch.

Das Grammophon zum Abspielen der Wachsplatten wurde in der Sakristei platziert und Pfarrer Arenz bemerkte im Rahmen einer Predigt zum Glockenklang, als die Glocken bereits auf dem Kirchplatz standen, trocken: „Unten stehen sie und oben läuten sie."

Wie so oft trat auch nach dieser Schwerstarbeit eine weitere Mayener Grundtugend zu Tage: Gemeckert wird immer. So erschien zunächst der Klang aus einem Lautsprecher zu leise, aber weitere Verstärker waren beim besten Willen nicht zu besorgen.

Und dann fiel ein weiteres Versäumnis auf: Im Rahmen der Aufnahmen hatte man die Glockenschläge der Turmuhr vergessen. Nachdem die „Nörgelphase" abgeschlossen war, übernahm die Mayener Kreativität erneut das Handeln.

Wieder kam die Idee zur Lösung von Küster Jakob Wölwerscheid. Dieser besorgte vom ortsansässigen Sägewerk Rosenbaum eines der besonders großen Sägeblätter einer Kreissäge. Dieses wurde im Glockenturm so platziert, dass die Anschläge des Klöppels für einen ordentlichen Klang sorgten. Eingerichtet wurden „lediglich“ die Schläge zur vollen Stunde. Aber die Zwischenschläge zur Viertel-, halben und Dreiviertelstunde waren vernehmbar, denn das quietschende Geräusch der Seilzugtechnik war aus der Nähe deutlich zu hören. (28)

97. Polizeichef fuhr ein Leben lang ohne Führerschein

Jahrzehntelang hieß der Chef der Mayener Polizei Franz Oster. Dieser hatte ein Geheimnis, welches er erst im Alter von 94 Jahren seinem Sohn offenbarte. Ohne je einen Führerschein gemacht zu haben, war der Mayener Polizeichef in Besitz einer offiziellen Fahrerlaubnis und begann seine Polizeikarriere auch als Fahrer.
Listig nutzte er dazu die Wirren der Nachkriegszeit und sprach auf Empfehlung eines guten Bekannten auf dem Landratsamt vor. Er beantragte eine Neuausstellung des Führerscheins, da der alte Schein im Krieg verloren gegangen sei, ohne dass er jemals eine Fahrprüfung abgelegt hatte. Da das Mayener Landratsamt bei den Bombenangriffen vollständig vernichtet worden war und dabei auch alle Dokumente und Akten ein Opfer der Flammen wurden, gaben die französischen Behörden dem Antrag statt.
Nun hatte Franz Oster zwar einen Führerschein, konnte aber noch gar nicht fahren. Zeitgleich erhielt er die Stellenzusage bei der Mayener Polizei.Während er noch bei Freunden privat übte, wurde er im Polizeidienst bereits als Fahrer eingesetzt und eine der ersten Fahrten endete prompt an einer Mauer. (29)

98. Kneipendichte in Mayen

Dem Mayener wird von Alters her eine gewisse Neigung zum Gerstensaft zugesprochen. Dies resultierte unter anderem daraus, dass die Stadt Mayen in der Hochkonjunktur der Steinindustrie auch die negativen und ungesunden Auswirkungen der Industrialisierung vor der Haustür durchleben musste. Dazu gehörte der Zuzug in die Stadt, sodass Mayen im Verhältnis wenige Auswanderer, beispielsweise in die USA, zu verzeichnen hatte.
Dennoch gab es in der Breite große Verelendungstendenzen, die mit der Begleiterscheinung des Alkoholismus einhergingen. Berichte des Bürgermeisters aus dieser Zeit legen entsprechendes Zeugnis ab, denn immer wieder beklagte der erste Bürger der Stadt die herrschenden Zustände.
Lediglich im Alkoholgenuss erschien das harte Arbeitsleben in der Freizeit erträglich. Es wurde also auch damals versucht, die Sorgen zu ertränken, aber bekanntlich können diese ja schwimmen.
Die viel zitierten „Blauen Montage“ in den Steinbrüchen waren im 19. Jahrhundert und zu Beginn des 20. Jahrhunderts noch regelmäßiger Bestandteil der Arbeitskultur und wurden erst ab Mitte des 20. Jahrhunderts restriktiver verfolgt und damit aus dem Arbeitsleben ausgeschlossen. Der Klassenkampf bestimmte die Szenerie, Sozialdemokratie und Gewerkschaften kämpften für die Rechte der Arbeiter.

In diesem Umfeld und in Kombination mit der heimischen Brauerei erlebte die Gastronomie eine wahre Blütezeit. Gerne, ohne valide empirische Daten zu kennen, behaupten die Mayener standhaft, in dieser Zeit in ganz Deutschland die höchste Kneipendichte pro Kopf gehabt zu haben. Mit-

gezählt bei den Gaststätten wurden seiner Zeit die Bierniederlagen (Zwischenhandel mit Bier) in Mayen, die recht zahlreich vertreten waren.
Es gibt zumindest einige Hinweise darauf, dass die Behauptung nicht ganz aus der Luft gegriffen sein muss. Da findet sich zunächst mal wieder ein Hinweis in dem „Lied vom Mayener Jung". Die siebte Strophe widmet sich fast ausschließlich diesem Thema. Dabei erfährt der Alkoholkonsum die entsprechende Würdigung. Ins Hochdeutsche übersetzt lautet diese Strophe: „Im Trinken ist er nicht (hinter anderen) zurück. Das merkt man oft genug. Vom Schlotterhof bis ans Brückentor (das umfasst quasi die komplette Ausdehnung der Stadt innerhalb der Stadtmauer) haben alle einen kräftigen Zug. Drum füllt die Gläser bis zum Rand und singt aus voller Lunge. Noch lange freien und trinken soll der echte Mayener Jung."
Einen weiteren Hinweis liefert Rektor Hilger, der 1910 folgendes schrieb: „Mayen besitzt vier Bierbrauereien. Groß ist die Einfuhr von Bier durch auswärtige Brauereien, wodurch der Absatz der einheimischen Biere einen bedeutenden Rückgang erlitt. Ganz ungesunde Verhältnisse haben die zahlreichen Bierniederlagen verursacht, die oft genug den größten Teil des Verdienstes vieler Arbeiter verschlingen und so vielfach die Schuld an dem Elend mancher Familien tragen."

99. Mayen im Internet

Trotz oder vielleicht wegen seiner Historie ist Mayen auch im World Wide Web ein Hit. Gibt man den Suchbegriff „Mayen" ein, so erhält man bei bing 6.560.000 Ergebnisse.

Bei der Suchmaschine google sind es sage und schreibe 136.000.000 Ergebnisse.
Neben den offiziellen Seiten der Stadt ist dabei ganz besonders die Seite des Geschichts- und Altertumsvereins zu erwähnen. Dieser rührige Verein betreibt in ehrenamtlicher Arbeit die Seite www.gavmayen.de. Diese Seite wird ständig aktualisiert und es werden regelmäßig alte Schätze in Wort, Bild und Ton der Öffentlichkeit zur Verfügung gestellt.
Dabei helfen immer wieder Fundstücke aus Haushaltsauflösungen, Licht in die Mayener Historie zu bringen.

100. Deutscher Meister im Snooker

Mayen ist Deutscher Meister! Eine schöne Überschrift und sie stimmt – noch nicht einmal teilweise. Der 1. SC Mayen-Koblenz wurde 2017/2018 als erster Verein aus Rheinland-Pfalz deutscher Meister in der neuen Trendsportart Snooker.
Nun wäre das ein großartiges Beispiel der Mayener Erzählkunst, diesen Titel für die Stadt zu reklamieren. Mayen taucht in diesem Vereinsnamen jedoch nur deshalb auf, weil der in Vallendar gegründete Verein für seine Namensgebung den Landkreis Mayen-Koblenz ausgesucht hat.
Es ist also keine Spielgemeinschaft zwischen den Städten Mayen und Koblenz entstanden, die zu Meisterehren geführt hätte. Vielmehr benötigte der Vorsitzende des Vereins, Kai Letzelter, sieben Jahre, um seinen Traum zu verwirklichen. Was im September 2011 als loser Zusammenschluss interessierter Spieler begann, führte nun dazu, dass man vermuten könnte, Mayen hätte den nationalen Titel errungen. Dafür herzlichen Dank! Ich frage mich gerade, warum ich diese Illusion nun zerstört habe.

Dankeschön

Jetzt liegt es also tatsächlich vor mir – das Manuskript eines Buches über die Stadt Mayen. Dieses Buch wäre allerdings nie möglich geworden, wenn mich nicht viele Menschen unterstützt und angetrieben hätten. Ihnen danke ich an dieser Stelle ganz besonders.

Widmen möchte ich dieses Buch zwei Menschen, die leider weder die Entstehungsphase, geschweige denn die Fertigstellung erleben konnten.

Ich spreche von meinem Vater Wilfried Blasweiler und meinem Großvater Karl Blasweiler, deren Erzählungen ich als Kind geradezu aufgesogen habe. Diese Geschichten bildeten die Basis für meinen Blick auf die Geschehnisse um mich herum und die Verbundenheit zu Mayen.

Bedanken möchte ich mich bei meiner Ehefrau Dorothea, die es nun fast ein Jahr lang heldenhaft ertragen hat, wenn ich meine Ideen oder neuen Erkenntnisse spontan mit ihr teilen musste (meistens zu Unzeiten oder wenn sie anderweitig beschäftigt war. Aber es war doch gerade sooo wichtig ...).

Außerdem ein herzliches Dankeschön an Hans Schüller vom Geschichts- und Altertumsverein. Er stand mir immer wieder für Gespräche zur Verfügung und konnte durch sein unglaubliches Wissen viele Dinge, die in meinem Kopf umher spukten, einsortieren, und auch in mir gänzlich unbekannte Zusammenhänge bringen. Gleichzeitig geht mein Dank an alle Menschen, die sich in ihrer Freizeit damit beschäftigen, die Mayener Geschichte zu dokumentieren und damit der Nachwelt zu erhalten.

Zu guter Letzt ein herzliches Dankeschön an die Verantwortlichen des Gardez! Verlages, die der Stadt Mayen eine solche Wertschätzung (verdientermaßen) entgegenbringen und dieses Buch herausgeben.

Und jetzt hätte ich fast das Wichtigste vergessen – vielen Dank an Sie, liebe Leserinnen und Leser, die Sie dieses Buch gekauft haben und damit dazu beitragen, meinen Reichtum zu mehren. Vielleicht war das aber auch nur der erste Schritt und Sie besuchen die schöne Stadt Mayen einfach einmal, um die Inhalte des Buches einem Praxistest zu unterziehen. Denn im Vergleich zum wahren Leben gibt es einen Unterschied. Im Kino sagt man oft, das Buch sei besser gewesen. Aber der Film, der in Mayen läuft, der ist in keinem Buch abschließend zu beschreiben.

Quellen

(1) Walter Fischer: „Aus em Schatzkästje", 1963

(2) http://www.showcaves.com/german/de/caves/Genoveva.html und Hinweisschild an der Genovevahöhle in Kordel

(3) www.festungen.info/content/exkurs/technisches-wissen/exkurs-begriffe-des-festungsbaus.html

(4) Dr. Michael Losse: „Betrachtungen zu Carl Burgers Märchenhort im St.-Veit-Park in Mayen"

(5) Reinhold Spitzlei: „Flur- und Ortsnamen von Mayen", 2003

(6) Satzung über die Gestaltung von Dächern von Gebäuden vom 25.04.2006

(7) Paul Geiermann „Mayen – Die Stadt mit ihren Jahrtausenden zwischen Vulkanen und Autobahnen", 1978

(8) Das Mayener Grubenfeld www.osteifel-aktiv.de und www.mayen.de

(9) http://www.oldiecaravan.de/Hersteller_A_-_Z/Eifelland/Eifelland_1967/eifelland_1967.html

(10) Comic Magazin ZACK, 1972

(11) Reinhard Moll: „Zum Leben erweckt", 2010

(12) Jubiläumszeitschrift 100 Jahre SV Rheinland Mayen, 2014

(13) Heimatbuch Mayen-Koblenz 2010

(14) Festschrift zum 65. Stein- und Burgfest, 2016

(15) Mayener Beiträge 12 (Hans Schüller) 2005

(16) BAP över BAP, 1983

(17) Chronik der Mayener Prinzengarde 8 x 11 Jahre, 2016

(18) https://de.m.wikipedia.org/wiki/Olympische_Sommerspiele_1952/Leichtathletik_-_4_x_400_m_(Männer)

(19) GAV Mayen „Mayen" von 1991

(20) www.schaengel-geschichten.de/der-schaengelbrunnen/

(21) www.smb-mayen.de

(22) www.mueef.rlp.de

(23) Süddeutsche Zeitung vom 28.11.2008
„Die Hauptstadt der Fledermäuse“

(24) Rhein-Zeitung vom 26.01.2015
„Große Hufeisennase in Mayen gesichtet“

(25) www.outdooractive.com

(26) www.rathscheck.de

(27) Andreas Adler: Blauer Brief 2015.6 des GAV

(28) Gerhard Draws: Die ehemaligen Glocken der Herz-Jesu Kirche in Mayen. Eine bemerkenswerte Geschichte aus unheilvoller Zeit. Rundbrief für den Einschulungsjahrgang Mayen Genovevastraße am Burgfrieden 1954 Nr. 106, 12/2016

(29) Friedel Oster: „Jetzt kann ich es ja sagen“, aus: „Nicht so ganz alltägliche Kürrenberger Dorfgeschichten“, 2018